Kemper | Männlicher Krieg und weiblicher Frieden?

[Was bedeutet das alles?]

Claudia Kemper

Männlicher Krieg und weiblicher Frieden?

Geschlechterordnung von Gewalterfahrungen

Reclam

RECLAMS UNIVERSAL-BIBLIOTHEK Nr. 14351
2023 Philipp Reclam jun. Verlag GmbH,
Siemensstraße 32, 71254 Ditzingen
Gestaltung: Cornelia Feyll, Friedrich Forssman
Druck und Bindung: Esser printSolutions GmbH,
Untere Sonnenstraße 5, 84030 Ergolding
Printed in Germany 2023
RECLAM, UNIVERSAL-BIBLIOTHEK und
RECLAMS UNIVERSAL-BIBLIOTHEK sind eingetragene Marken
der Philipp Reclam jun. GmbH & Co. KG, Stuttgart
ISBN 978-3-15-014351-3

Auch als E-Book erhältlich

www.reclam.de

Inhalt

Männlicher Krieg und weiblicher Frieden?

Was ist das Problem?

Lassen Sie uns ein einfaches Experiment durchführen. Schalten Sie an einem beliebigen Abend eine Nachrichtensendung ein und verfolgen Sie die Berichte aus dem In- und Ausland. In der Regel wird auch über Gewaltkonflikte berichtet. Verfolgen Sie die Auswahl der Ereignisse, hören Sie auf die Sprache und schauen Sie sich die Bilder an. Eine gewisse Abweichung einkalkuliert, dürften diese Berichte einem klaren geschlechtsspezifischen Muster folgen. Sie sehen Diktatoren, Kriegsherren, Soldaten oder Marodeure, und Sie sehen oder hören zumindest von Opfern, Vertriebenen oder Getöteten. Werden Sie überrascht sein, dass erstere Gruppe hauptsächlich aus Männern besteht und letztere aus Frauen und Kindern? Mit großer Wahrscheinlichkeit werden Sie die geschlechtsspezifischen Muster der Berichterstattung sogar normal finden und meine Frage eher gelangweilt zur Kenntnis nehmen. Männer führen Kriege, und Frauen sind Opfer. *C'est ça.*

In der Tat kann die Berichterstattung über internationale oder lokale Gewaltkonflikte und Kriege deshalb nicht überraschen, weil die kämpfenden Militäreinheiten dieser Welt in überwältigender Zahl aus männlichem Personal bestehen, auch in Ländern, in denen weibliche Rekrutinnen schon lange zugelassen sind. Die meisten Todesopfer im Krieg sind deshalb männlich. Jedoch nimmt die Zahl der Zivilist*innen unter den Kriegsopfern stetig zu, mittlerweile liegt sie schätzungsweise bei 90 Prozent. Und die

Mehrheit davon sind Frauen und Kinder. Sie mögen überleben, aber tragen vielfältige Gewalterfahrungen mit sich.

Dennoch sollten wir uns wundern. Warum halten Sie diese, wenn man so will, Rollenverteilung für normal? Was genau müsste sich ändern, um Sie in einer Berichterstattung über Krieg und Gewaltkonflikte zu überraschen? Wie lässt sich erklären, dass die Welt immer komplizierter, die Rechtslage umfassender, das Wissen über die Bedingungen von geschlechtsspezifischer Gewalt immer umfangreicher wird, aber der Umstand, dass Gewalt im starken Maße von Männern ausgeübt und überwiegend von Frauen erfahren wird, eine Konstante bildet, die – wie aktuelle Studien belegen – sich sogar wieder intensiviert? Und zudem: Welcher Zusammenhang besteht zwischen geschlechtsspezifischer Gewalt in Kriegszeiten und der Geschlechterordnung in Friedenszeiten? Ein starker, behaupte ich.

Geschlechtsspezifische Kriegsgewalt ist kein Phänomen, das für sich alleinsteht. Dass mehrheitlich weibliche Opfer Gewalt erleben, sei es durch Bombardierungen, Massenvergewaltigungen, Versklavung oder Femizide, ist ebenso ein Fakt wie die entsprechende Überzahl männlicher Täter. Jedoch wird diese Tatsache in der öffentlichen Wahrnehmung reduziert auf eine stumpfe Gegenüberstellung: Männlicher Krieg und weiblicher Frieden, männliche Gewalt und weibliche Opfer. Diese strikt bipolare Rollenverteilung entspricht zwar nicht der Wirklichkeit von Gewalt. Dennoch hat die Vereinfachung eine starke Wirkung und setzt sich fort, so behaupte ich, wenn die Gewalt längst beendet ist oder weit entfernt stattfindet. Die Rollenverteilung wird nicht in Frage gestellt, sondern als Folge essentialistischer Eigenschaften gedeutet: »Männer sind nun mal so. Und Frauen auch.« Auf diese Weise bleibt aber sowohl die strukturelle Dimension geschlechtsspezifischer Gewalt unsichtbar als auch die Heterogenität von Gewalterfahrungen und Geschlechterordnungen.

Es gibt genügend Gründe, um über den Zusammenhang von Gewalterfahrung und Geschlechterordnung differenziert nachzudenken. Nicht erst mit dem Überfall russischer Truppen auf die Ukraine im Februar 2022 ist der Krieg als ein Erfahrungsraum wieder näher an die mitteleuropäische Lebenswirklichkeit gerückt. Er zeigt eindrücklich, welche Relevanz die Kategorie Geschlecht im Krieg entfaltet, da etwa die ukrainische Wehrpflicht nur für Männer gilt, männliche Staatsbürger nicht ausreisen dürfen und deshalb die Mehrheit der Geflüchteten weiblich und die Lage von trans* Personen vor Ort prekär ist. Zugleich wird von russischer Seite sexualisierte Gewalt insbesondere gegen Frauen als Kriegswaffe eingesetzt und innerhalb Russlands wird die Existenzberechtigung der LSBTIQ*-Community im Namen der nationalen Einheit zunehmend in Frage gestellt. Dieser Krieg führt uns einmal mehr vor Augen, dass jedes friedliche Miteinander bedroht und gewalthaft unterbrochen werden kann.

Historisch gesehen ist die Gewalthaftigkeit des menschlichen Miteinanders, genauso wie die spezifische Gewalttätigkeit gegenüber Frauen und sexuellen Minderheiten, eine hartnäckige anthropologische Tradition. Und dennoch stellen Krieg und Gewaltausübung keine natürliche Zwangsläufigkeit dar wie ein Sonnenuntergang oder der Geschmack von Salz. Im Gegenteil: Wer Gewalt ausübt, hat sich dazu entschieden und bewegt sich meist in menschengemachten Strukturen, die das begünstigen. Wer wiederum Gewalt erleidet, hat das in der Regel nicht selbst gewählt. Und wie mit seinen oder ihren Gewalterfahrungen umgegangen wird, kann die Person nur bedingt beeinflussen, weil darüber die Machtverhältnisse entscheiden.

Gewalt umfasst jedoch mehr als nur jene, die ihre Verletzungsmacht gewalthaft anwenden und jene, die verletzungsoffen sind und Gewalt erleiden. Erstens sind Täter- wie Opfergruppen heterogen zusammengesetzt. Sicherlich zählt Gewalt gegen Frauen, zählen Femizide und systematische Vergewaltigungen zu den global häufigsten Phänomenen, aber auch Frauen üben Gewalt aus und sind Täterinnen. Gleichermaßen sind Männer wie Frauen auf der Flucht vor Gewalt oder erleben sexualisierte Gewalt, nicht selten, weil sie einem bestimmten Männlichkeitsideal nicht entsprechen. Simple Geschlechtszuweisungen von Tätern = Männer und Opfern = Frauen verschleiern zudem die Gewalterfahrung von Menschen, die sich dem bipolaren Geschlechtsschema entziehen, und verhindern auch den Blick auf all jene Personen, die das gewaltvolle Setting stützen, weil sie Beihilfe leisten, gaffen oder Hilfe verweigern. Gewalterfahrungen hängen eng zusammen mit Geschlecht. Aber sie können nicht mit einfachen bipolaren Geschlechtermustern erklärt werden.

Zweitens betrifft Gewalt nicht nur die akute Situation der Gewaltausübung. Nicht umsonst gibt es den Begriff der Nachkriegszeit oder -gesellschaft, der ausdrücken soll, dass gesellschaftliches Zusammenleben *nach* immenser Gewalterfahrung eine besondere Herausforderung darstellt. Wird der Leib nicht mehr malträtiert und lässt der körperliche Schmerz nach, bleibt die Gewalt ja präsent. Solche unmittelbaren Erfahrungen oder auch Primärerfahrungen hat der Historiker Reinhart Koselleck als »Lavamassen« bezeichnet, die sich glühend »in den Leib ergießen und dort gerinnen«. Intensive, individuelle Erfahrungen bleiben wie kalte Lava »unverrückbar [...] abrufbar, jederzeit und unverändert« und prägen auf diese Weise das Leben.[1] Gerade weil Gewalt so tief einschneidet in die eigene Unversehrtheit und Intimität, bleibt sie im Erfahrungshaushalt so gegenwärtig – selbst wenn sie um des Weiterlebens willen verdrängt wird. (Gewalt-)Erfahrungen lassen sich aber nicht einfach in Erinnerungen umwandeln, letztere dienen vielmehr dazu, der Erfahrung nachhaltig Raum zu geben. Umso mehr sollte für kriegsbedingte Gewalterfahrung gelten, was für jede Erfahrung gilt: »Sowohl für Einzelne wie auch für Gruppen ist es wichtig, die eigenen Erfahrungen selber interpretieren, in Worte fassen und mit Sinn versehen zu können. Wer sich von anderen sagen lassen muss, was seine Erfahrungen bedeuten oder wem gar verwehrt wird, eigene Erfahrungen auf die eine oder andere Art darzustellen und zu repräsentieren, hat demgegenüber eine schlechte Position.«[2] Wer über die eigenen Erfahrungen nicht verfügen und sie in der politischen und gesellschaftlichen Öffentlichkeit nicht repräsentieren kann, hat nicht nur eine schlechte Position, sondern besitzt keine Macht.

Deshalb ist drittens Gewalt mehr als nur körperliche Verletzung, denn die Bedingungen, unter denen sie möglich ist, gehören genauso zum Gewaltakt wie ihre Auswirkungen. Rassismus, Sexismus und Klassismus begünstigen Gewalt, denn die Abwertung und Diskriminierung bestimmter Menschengruppen senkt auch die Hemmschwelle ihnen gegenüber. Da diese Formen von Menschenfeindlichkeit in der Regel miteinander verschränkt sind, müssen wir fragen, was von diesen Bedingungen nach einem Gewaltkonflikt bleibt? Wie schlägt sich beispielsweise die rassistisch begründete Gewalt einer Diktaturzeit, sagen wir des Nationalsozialismus, nieder in den Strukturen, Diskursen und langfristigen Sichtbarkeitsverhältnissen der postnationalsozialistischen Gesellschaft? Man mag sich über den Begriff der ›strukturellen Gewalt‹ streiten, aber strukturell bedingte Gewalterfahrungen gehören zur Lebenswirklichkeit vieler Menschen. Wie sonst sollte man erfassen, wenn etwa in Reaktion auf fortgesetzte Diskriminierung unter anderem körperliche Beschwerden auftreten? Wessen Gewalterfahrungen werden schließlich gehört, wiedergegeben und anerkannt, ob nun vor Gericht oder in der öffentlichen Berichterstattung? Alles in allem unterscheidet sich Gewalt nicht nur auf der individuellen Erfahrungsebene, sondern auch nach ihrem Stellenwert im gesellschaftlichen Wahrnehmungsraster.

Um den Zusammenhang zwischen Gewalterfahrung und Geschlechterordnung in meinem Essay zu diskutieren, gehe ich auf Militär und kriegerische Gewalt und ihre langfristige Bedeutung für Geschlechterordnungen ein. Unter Kriegsgewalt verstehe ich physisch und psychisch ausgeübte Gewalt, die im Zusammenhang mit einem Krieg zu beobachten ist. Mit aller notwendigen Unschärfe lässt sich Krieg als ein Gewaltkonflikt verstehen, in dem sich organisierte und mit potentiell tödlichen Waffen ausgestattete Militär- und/oder Kampfeinheiten kämpfend gegenüberstehen, in den aber auch unbewaffnete Gruppen (wie z.B. internationale Organisationen oder Zivilist*innen) involviert sein können. Es scheint mir nicht ergiebig, an dieser Stelle die kriegsvölkerrechtlich relevante Unterscheidung zwischen den unterschiedlichen Arten von Kriegen oder zwischen legitimer und illegitimer Gewalthandlung zu machen. Abgesehen davon, dass diese Unterscheidung ohnehin in zahlreichen zwischenstaatlichen Kriegen unterlaufen wird, verdeckt sie meines Erachtens in einer politischen Diskussion über Gewalterfahrungen, dass sowohl das eine wie das andere ungleiche Geschlechterordnungen betrifft und produziert.

Vielleicht noch schwieriger als für den Kriegs- und Gewaltbegriff ist für Frieden eine umfassend gültige Definition zu finden. Klassischerweise gilt die Abwesenheit jeglicher Gewalt als sein zentrales Kennzeichen. Jedoch lebt keine Gesellschaft vollkommen gewaltfrei. Stattdessen wird ein gewisses Maß an legitimer Gewalt zugelassen, um etwa das Gemeinwesen zu schützen. Das staatliche Gewaltmonopol ist Ausdruck dessen. Jede im Frieden lebende Gesellschaft steht deshalb vor der Aufgabe, das Maß und die Form der von ihr tolerierten und legitimierten Gewalt auszuhandeln. Dabei streitet sie zugleich (offen oder verdeckt) über ihre Geschlechterordnung, worüber weiter unten noch zu berichten ist. Neben seinem Verhältnis zur Gewalt bietet der Friedensbegriff auch Raum für unterschiedliche positive Qualitäten. Nicht umsonst kursieren etliche Attribute von religiöser über spiritueller bis hin zu antimilitaristischer oder auch nationalistischer Prägung, die ihn als Zustand erkennbar machen sollen.[3] Insgesamt lässt sich der Friedensbegriff mit sehr unterschiedlichen Vorstellungen aufladen (wovon wir zuletzt wieder mehr beobachten), die sich im Laufe der Zeit und je nach gesellschaftspolitischer Konstellation verändern. Geschlechtergerechtigkeit, das zeigt eine Reihe praktischer Friedensprojekte, zählt zu einer elementaren positiven Qualität von Frieden. Denn eine geschlechtergerechte Politik trägt erwiesenermaßen zur Reduzierung geschlechtsspezifischer Gewalt bei und ein geschlechtergerechtes Zivilleben kann die generelle Gewalttätigkeit der betreffenden Gesellschaft abmildern.[4]

Wenn ich behaupte, dass Gewalt eine zwar dauerhafte Erscheinungsform des menschlichen Miteinanders ist, sie aber weder naturgegeben noch zwangsläufig ist, verwundert es vielleicht nicht, dass ich dies auch von der heteronormativen bipolaren Geschlechterordnung behaupte. In der Tat existiert diese schon sehr, sehr lange, aber ich behaupte, dass es trotzdem keinen Grund gibt, von einem anthropologischen Fakt zu sprechen. Es mag biologische Geschlechter geben, aber keinen Grund, nur zwei von ihnen und zudem deren klare Unterscheidbarkeit anzunehmen. Es gibt sicherlich Unterschiede zwischen den Geschlechtern, aber es gibt gute Gründe und Belege, körperlich erkennbare Unterschiede zwischen Menschen als individuelle und nicht als geschlechtsbezogene Differenzen zu verstehen. Nicht das ›naturgegebene‹ Geschlecht bestimmt unser Zusammenleben, sondern die Bewertung und Kategorisierung der äußeren Erscheinung und materiellen Bedingtheit eines Menschen. Erst in diesem Zusammenhang entsteht Geschlecht durch diskursive Zuweisungen, durch soziale wie materielle Bedingungen und nicht zuletzt durch machtvolle Ein- und Ausschlüsse im soziokulturellen Feld, mit denen Identitäten (»Du bist eine Frau!«) zugewiesen werden.[5] Dieses *doing gender* geschieht sowohl im alltäglichen Handeln und Reden (Mikroebene) als auch in langdauernden Konflikten (Makroebene). Es reicht in alle Bereiche des menschlichen Lebens, wo es sich (intersektional) mit weiteren machtvollen Ordnungskategorien wie *race* und Klasse, Körper, Alter oder Religion verschränkt.[6] Und schon immer und in verschiedenen Konstellationen wird darüber gestritten, was als männlich, stark, heldenhaft, gewaltvoll oder weiblich, schwach, feminin, sanft, was als naturgemäße geschlechtliche Orientierung oder gegen die Natur, was als richtiger oder falscher Geschlechtskörper gilt. Während physische Gewalt ein Ende haben kann, dauern diese Konflikte an.

Strenggenommen müsste ich Krieg, Frieden und Geschlechterordnungen als ein globales Phänomen diskutieren. Schließlich ist jeder Krieg und der anschließende Friedensprozess Teil globaler Verflechtungen, Wirtschaftsströme und internationaler Vereinbarungen. Aber ich beschränke mich auf Deutschland und Sichtachsen, die von hier aus auf den eigenen Bauchnabel und die Welt gerichtet werden. Die deutsche Gesellschaft wähnt sich gegenwärtig, trotz der vielen Kriegsgeflüchteten im eigenen Land, noch weit entfernt von den Gewalterfahrungen eines Kriegs. Wie sehr aber kriegerische Gewalt, und sei sie noch so fern oder lange her, mit unserem zivilen Zusammenleben in der Gegenwart und damit mit unserer Geschlechterordnung verknüpft ist, will ich diskutieren.

Bei weitem bin ich nicht die erste, die über den Zusammenhang von Gewalterfahrung und Geschlechterordnung nachdenkt. Im Gegenteil. Ich knüpfe an mittlerweile jahrelange umfangreiche Forschungsarbeiten, Netzwerke und Debatten an, die von Wissenschaftlerinnen und Aktivistinnen (ja, es sind überwiegend Frauen, die sich dem Thema widmen) geführt und aufgebaut wurden. Dankbar greife ich die Gedanken der historischen Frauen- und Geschlechterforschung und der feministischen Friedens- und Konfliktforschung auf und führe einige davon zusammen, mitunter stark pointiert, denn die Gelegenheit will genutzt sein, um sie (hoffentlich) einem breiten Publikum nahe zu bringen. Man könnte annehmen, ich folgte damit einer alten Gepflogenheit vorrangig männlich besetzter Gesprächsrunden, in denen zwar schon alles gesagt, aber noch nicht von allen gesagt wurde. Ohne Ironie lässt sich feststellen, dass in der Geschlechterforschung tatsächlich schon vieles Wesentliche hierzu gesagt wurde. Aber es ist ernüchternd, wie notwendig es mehr denn je ist, die vielfältigen und real wirksamen Dimensionen von Gewalterfahrungen und Geschlecht zu diskutieren und bekannt zu machen.

Was zu sehen ist: Mann und Frau, Krieg und Frieden

Weder zwischen Krieg und Frieden, noch zwischen Mann und Frau verlaufen eindeutige Grenzen. Wo etwa für den einzelnen betroffenen Menschen der Krieg tatsächlich aufhört und ein Frieden beginnt, hängt von vielen Faktoren ab. Kapitulationsdaten sind zwar militärisch notwendig und dienen als erinnerungspolitische Anker, aber mitunter ziehen sich Kriegserscheinungen und beginnende Friedenszeiten lange darüber hinaus. Ähnliches gilt für die von außen vorgenommene Geschlechtszuweisung von Frau und Mann oder das gleich- und andersgeschlechtliche Begehren, zwischen denen ebenfalls nicht einfach zu unterscheiden ist. Auch hier spielen vielmehr individuelle Bedingungen und Erfahrungen eine große Rolle.

Die Gemengelage ist also im Krieg wie im Frieden, von Frau bis Mann komplex, womit sich auch schon eine meiner grundlegenden Thesen ankündigt. Denn historisch betrachtet gibt es offensichtlich ein starkes menschliches Bedürfnis, zwischen dem einen und anderen klar zu unterscheiden. Das führt zu Kategorisierungen und Normierungen, zu einem Hyperfokus auf das, was vermeintlich eindeutig normal ist, während Ungleichheit, Diversität und Uneindeutigkeit ausgeblendet werden. Vor allem hält sich der Eindruck, die jeweiligen Kategorien seien klare Gegensätze. Jedoch lässt sich in historischer Perspektive erkennen, wie eng die Phänomene Krieg und Frieden, genauso wie Mann und Frau, miteinander verflochten sind. Gleiches gilt für die Geschlechterordnung von Gewalterfahrungen in Kriegs- wie Friedenszeiten.

Woher kommen aber die strikten Kategorisierungen und warum funktionieren sie? Sicherlich bieten Gegensatzpaare, die vermeintlich klar zu unterscheiden und zugleich aufeinander bezogenen sind, eine Orientierung in einer komplexen Gemengelage. Ein Blick in die Kunstgeschichte zeigt, wie sich zwar im Laufe der Zeit Stil und Ausdruck geschlechtsspezifischer Darstellung von Krieg und Frieden veränderten, aber das Orientierung gebende Motiv vom ›männlichen Krieg‹ und ›weiblichen Frieden‹ ohne Unterbrechung reproduziert wurde.

Frieden wurde von der frühen Neuzeit bis weit ins 19. Jahrhundert hinein personifiziert dargestellt, etwa als die lateinische Pax oder die griechische Eirene. Gemälde zeichneten die Friedensgöttinnen in ihrem jeweiligen mythologischen Setting mit Olivenzweig oder einem Füllhorn und als weibliche Wesen. Wie aus der Kunstgeschichte zu erfahren ist, stellten Pax wie Eirene Ziel und Folge des Handeln dar, ein friedliches Klima also, nicht aber akute Handlungen. Damit unterschieden sich die Göttinnen wesentlich von ihren handlungsorientierten und agilen Pendants Mars bzw. Ares, den männlichen Kriegsgöttern.

Hier zeigte sich in Bildern eine grundsätzliche Schwäche des Friedensbegriffs. Denn er wird in der Regel »als Abwesenheit von Streit, Gewalt und Krieg, als kriegsfreie Zeit oder ›umfriedeter‹ Raum«[7] dargestellt. Die Ausdrucksmöglichkeiten von Frieden sind damit deutlich schwächer angelegt als die des Kriegs. Meist müssen zusätzliche Symbole und Motive, wie etwa schöne Frauen, eingefügt werden, die erst im Gegensatz zu den ›Schrecken des Krieges‹ ihre Bedeutung als Veranschaulichung des Friedens erhalten.[8]

In Europa veränderte sich mit dem 30-jährigen Krieg im 17. Jahrhundert die Bildsprache deutlich. Denn als nach Jahrzehnten der Verheerungen mit zahlreichen Kompromissen ein Frieden geschlossen werden konnte, war die Zeit für triumphale Schwelgereien vorbei. Zunehmend rückte der Staatsfrieden in den Mittelpunkt von Friedensallegorien und galten starke Monarchien und Staaten als Garanten für ›den Frieden‹[9]. Damit gewann auch die Politik der Diplomatie als hochkarätiger Weg zum Frieden an Renommee, eindrücklich festgehalten mit dem berühmten Gemälde *Die Beschwörung der Ratifikation des Friedens von Münster am 1. Mai 1648*[10].

Das Gemälde, auf dem Dutzende Diplomaten in Reih und Glied platziert sind, veranschaulicht den Abschluss eines komplexen Vertragswerkes, bekannt als ›Westfälischer Frieden‹. Frauen waren von diesem hochherrschaftlichen und machtpolitisch wichtigen Moment ausgeschlossen.

Und falls es doch eine geschafft hat, wurde sie nicht gemalt. Fortan setzte sich eine einförmige und rein männlich besetzte Darstellungsform von Friedensdiplomatie durch, wie eine Durchsicht populärer Gemälde oder Fotographien von Friedensabschlüssen zeigt. Es sind ausschließlich Männer zu sehen. Dies trifft auf den Wiener Kongress ebenso zu wie auf den Frankfurter Vertrag von 1871 zum Ende des Deutsch-Französischen Kriegs, auf den Versailler Vertrag von 1918 oder das Potsdamer Abkommen von 1945; es gilt gleichermaßen für das Dayton-Abkommen 1995 zum Ende der Jugoslawienkriege wie für den Kolumbianischen Friedensvertrag von 2016. Was auch immer Frauen während der Kriegszeit erfahren haben, was auch immer sie beigetragen haben zum Ende der Gewalt und zu Herstellung eines Friedens: Die öffentliche Bildsprache zeigt sie nicht. In der Zeit des Absolutismus verschärfte sich die Deklassierung. Denn in der Bildsprache erhielt nun die Person des Herrschers klare Oberhand als alles überragende Figur mit absoluter Macht, der Pax nur als schmückendes Element beiseite stand. Die in dieser Zeit etablierte Fixierung auf die männliche Herrscherperson als Garant des Friedens begleitet uns bis in die Gegenwart, denn anders können die unzählig kursierenden Fotos mit dem berühmten Handschlag zwischen männlichen Staatsoberhäuptern, die sich als Symbol für eine Befriedung etabliert haben, nicht erklärt werden. Wie schon für Könige wie Ludwig XV. gilt auch in der heutigen Bildsprache oft noch: »Der Friede kommt allein aus seiner Hand.«[11]

Mit dem Völkerrecht im 19. Jahrhundert entwickelte sich eine übergreifende Instanz, die das Verhältnis zwischen den Staaten befrieden sollte. In der bildenden Kunst verloren die Personifizierungen des Friedens weiter an Bedeutung, stattdessen hielt die Darstellung der Schrecken des Krieges Einzug. Mit den modernen Kriegen wurde es ohnehin immer schwieriger, zwischen Kriegs- und Friedenszonen klar zu unterscheiden. Letztere gerieten zu Sehnsuchtsorten jenseits aller Kriegsgräuel, die man versuchte bildlich zu erfassen. War die weibliche Pax schon längst nur noch Allegorie emotionaler Friedlichkeit, ließ sich im 20. Jahrhundert der Frieden überhaupt nicht mehr darstellen.[12] Picassos Taube, entworfen für den Weltfriedenskongress 1949, stellte deshalb in ihrer Konkretion und Lebendigkeit eine Ausnahme dar. Wobei nicht übersehen werden darf, dass das Tier die Vermittlung von Frieden und den Weg zu ihm darstellt. Eher beiläufig verband Picasso in manchen Varianten des Motivs die Ölzweig tragende Taube mit seinem Lieblingsthema, den Frauen, womit er Vorstellungen der Vormoderne wieder aufgriff. Der Frieden ist eine Frau.

Die langlebigen geschlechtsspezifischen Stereotype in der Kunst zeigen beispielhaft, wie sehr die Vorstellungen von Krieg und Frieden von bipolaren Geschlechterordnungen durchdrungen und bis heute geprägt sind. Die eingangs erwähnte medial zugespitzte Rollenverteilung zeigt dies ebenso wie eine ganze Reihe an gängigen Kriegsbegründungen. Wenn propagandistisch inszeniert von Gewalt gegen Frauen, mehr noch gegen die ›eigenen‹ Frauen die Rede ist, geht es in der Regel nicht um sie als Opfer, sondern um eine Anklage des Feindes.[13] Solches Reden über Gewalt soll vor allem die Öffentlichkeit und militärische Moral mobilisieren. Auch heute noch sind hierbei auch in westlichen Ländern geschlechtsorientierte Legitimationsmuster verbreitet, wenn es darum geht, bestimmte (!) militärische Interventionen außerhalb von Europa oder Nordamerika zu begründen. Zugespitzt lautet die Formel seit dem 19. Jahrhundert und der Kolonialzeit: »White men saving brown women from brown men.«[14]

In jüngster Zeit lieferte der russische Präsident Wladimir Putin zahlreiche geschlechtsspezifisch codierte und sexualisierte Aussagen zur Begründung von Kriegsgewalt gegen die Ukraine. Noch vor Beginn seines Angriffskrieges reagierte er bei einer Pressekonferenz auf eine Frage nach dem Stand des Minsker Abkommens: »Ob es dir gefällt oder nicht, da musst du durch, meine Schöne. Du musst dich fügen, anders geht es nicht.« Unverkennbar verknüpfte Putin seine Drohung mit dem Bild einer Vergewaltigung, womit er die Ukraine nicht nur rhetorisch, sondern konkret politisch in sein traditionelles patriarchales Weltbild einfügte, in dem häusliche Gewalt genauso legitim ist wie sexualisierte Kriegsgewalt.[15] Seitdem der Krieg gegen die Ukraine begonnen hat, reihen sich solche und andere geschlechtsspezifische Codierungen von Gewalt und Herrschaft aneinander. Gleichzeitig herrscht in der Berichterstattung über die Ukraine eine bipolare Rollenzuweisung vor: auf der einen Seite eine heroisch überzeichnete Männlichkeit und auf der anderen Seite tapfere, aber in der Regel auf die Opferrolle beschränkte Frauen. Wie unterschiedlich Frauen, Männer, non-binäre oder trans* Personen Gewalt erleben, wird nicht nur außerhalb der Ukraine, sondern auch außerhalb anderer Gewaltkonflikte kaum wahrgenommen.

Der Konnex Krieg=Mann und Frieden=Frau ist Teil eines mächtigen gesellschaftlich und politisch wirksamen patriarchalen Ordnungssystems. Popularisiert in den 1970er Jahren beschreibt und kritisiert der Patriarchats-Begriff die ungleiche Behandlung von Mann und Frau. Befreit von polemischen Schwarz-Weiß-Malereien funktioniert der Begriff weiterhin ziemlich gut, um die sozialen und politischen Machtverhältnisse in zahlreichen (fast allen?) Gesellschaften auf den Punkt zu bringen. In den 1990er Jahren kam mit ›hegemonialer Männlichkeit‹ ein weiterer Begriff in Gebrauch, der eine differenziertere Analyse der inneren Zustände des Patriarchats ermöglicht. Mit hegemonialer Männlichkeit lassen sich nicht nur patriarchale Unterdrückungsmechanismen zwischen Mann und Frau beschreiben, sondern auch Hierarchien und Abstufungen, die Männer zu Männern machen oder durch die ›Unmännlichkeit‹ markiert wird, meist begründet mit von der Norm abweichendem sexuellem Verhalten oder Äußerem.[16] Die jeweils gültige Norm hegemonialer Männlichkeit verschärft sich vor allem in Zeiten von Kriegsvorbereitungen, wenn sich Gesellschaften militarisieren und sich als Gegenpol zum Ideal der sich unterwerfenden Frau ein stark militarisiertes Männlichkeitsbild durchsetzt. In solchen Phasen werden traditionelle Geschlechterrollen fixiert und sind Frauen wie Männer, die dem hegemonialen Ideal nicht entsprechen (wollen), stärker als zuvor von Diskriminierung und Gewalt bedroht.

Damit ist klar, dass hier auch von Queerness die Rede sein muss, einer Lebensweise, die querliegt zu den oben beschriebenen strikten Kategorisierungen, denn queere Menschen entsprechen nicht der cis-heteronormativen Mehrheitsgesellschaft. Sie sind deshalb latent und in Kriegs- und Gewaltzeiten besonders gefährdet, diskriminiert und verfolgt zu werden.[17] Auch ihre Gewalterfahrungen, in der Regel wenig sichtbar oder anerkannt, prägen Gesellschaften nach Krieg und Gewalt.

Jenseits der großen Bühne: Opfer und Ehrungen

Auch wenn die Raster ›männlicher Krieg‹ und ›weiblicher Frieden‹ ungebrochen funktionieren, sind Frauen keineswegs dominant in Friedensprozessen. Denn das Friedenmachen überkreuzt sich mit politischen Handlungsräumen, in denen große Geschlechterungleichheit herrscht, allen voran die mächtige internationale Diplomatie. Schaut man sich etwa die Vergabe des Friedensnobelpreises an, fällt eine geschlechtsspezifische Schieflage auf. Vor allem Menschenrechtsaktivistinnen aber so gut wie keine Diplomatinnen oder hochrangige Politikerinnen finden sich unter den Preisträgerinnen. Zum einen spiegelt sich hier die faktische strukturelle Benachteiligung von Frauen in der ›hohen Politik‹, und zum anderen schlägt sich in der Friedensnobelpreisvergabe (und vor allem in ihrer öffentlichen Wahrnehmung) ein essentialistisches Denken nieder, nach dem Frauen eine emotionale Friedfertigkeit innewohne, während Männern eher das diplomatische Verhandlungshandwerk liege. Wie sehr die mediale Berichterstattung hier wie überall die gegenderten Sichtachsen beeinflusst und zementiert, will ich am Beispiel der Preisvergabe von 2018 diskutieren.

2018 bekam Nadia Murad den Friedensnobelpreis verliehen. Die damals 25-jährige Frau hatte nur wenige Jahre zuvor, 2014, als Jesidin den IS-Überfall auf ihr Dorf Kocho im kurdischen Nordirak und die anschließende Versklavung durch den IS überlebt. Die Region war zum Angriffsziel des ›Islamischen Staates‹ geworden, der gezielt Jesid*innen vertrieb, tötete und entführte. Insgesamt ermordete der IS in dieser Hochzeit seiner Eroberungen Tausende Menschen und versklavte oder verkaufte etwa 7000 Frauen und Mädchen, von denen viele bis heute vermisst werden. Die meisten Taten sind bislang strafrechtlich nicht verfolgt worden.

Nadia Murad konnte nach Europa fliehen und dort an die Öffentlichkeit gehen. Sie machte ihre Erlebnisse publik und warb um Unterstützung für die Jesid*innen.[18] Sie erhielt zahlreiche Auszeichnungen und Preise für ihre Arbeit und wurde 2016 zur Sonderbotschafterin der UN ernannt. 2018 bekam sie den Friedensnobelpreis verliehen für ihren »Einsatz zur Beendigung von sexueller Gewalt als Kriegswaffe und in bewaffneten Konflikten«.[19] Murads Arbeit und Engagement hatten sich ausgezahlt. Denn nun wurde nicht nur über ›das Schicksal‹ der Jesidinnen im Nordirak berichtet, sondern auch die Politik nahm Maßnahmen gegen sexualisierte Gewalt als Kriegswaffe wieder stärker in den Blick.

So eingängig die Preisvergabe an Murad ist, so sehr sollte die öffentliche Wiedergabe ihrer Geschichte irritieren, da sie mächtige Stereotype, Zuweisungen und Festschreibungen offenbart, die vor allem mit dem Geschlecht der Preisträgerin zu tun haben. Da ist zum einen die häufige Betonung des ›Schicksals‹ – ein Begriff, der vor allem in Bezug auf die entführten Jesid*innen angewandt wurde und der einen vorherbestimmten Handlungsablauf bezeichnet.[20] Interessanterweise wird der Begriff ›Schicksal‹ medial häufig verwendet, wenn den potentiellen Opfern direkte Hilfe von außen versagt wird, so dass sie den potentiellen Tätern ausgeliefert sind. Mit dem Wortsinn von ›Schicksal‹ – einer Vorherbestimmung des Handlungsablaufs durch eine höhere Macht, die der Entscheidungsfreiheit der Menschen entzogen ist – hat dies nur wenig zu tun, daher ist seine Verwendung gedankenlos oder sogar zynisch. Spricht man vom ›Schicksal‹, richtet sich die Aufmerksamkeit zudem ganz und gar auf das akute grausame Ereignis, ohne dessen Kontext, Ursache und Folgen einzubeziehen. Das ermöglicht weitere Engführungen.

Denn 2014 konzentrierten sich die zahlreichen Berichte über die Situation im Nordirak vor allem auf die verletzten und entführten Körper der Jesid*innen als Opfer. Der (mediale) Blick hob Details hervor und blendete den Kontext weitgehend aus. Jesid*innen besaßen damit eine »Hyper-Visibilität«[21], womit nicht allein die bildhafte Darstellung gemeint ist, sondern auch die Tatsache, dass ein bestimmter Aspekt so scharf und übertrieben gezeichnet wird, dass alle anderen Eigenschaften eines Subjekts oder Sachverhaltes dahinter verschwinden, während der scharf gezeichnete Aspekt die ›Realität‹ bestimmt.

Neben dem Begriff des Schicksals war es vor allem der Begriff ›Sex-Sklavin‹, den fast sämtliche westlichen Medien, von Nachrichtenkanälen bis zu Social Media, ins Zentrum stellten. Anstatt auch auf die politische und gesellschaftliche Situation der Jesid*innen im Nordirak einzugehen oder ihre politischen Forderungen in den Vordergrund zu stellen, verengte sich der westliche Blick auf die malträtierten und sexualisierten Körper der Frauen. Hinter diesen grell beleuchteten misshandelten Körpern verschwanden die unterschiedlichen Leben von älteren Frauen, Mädchen, Witwen, Ehefrauen genauso wie die ganzer Familien, von Ehemännern, Brüdern, Vätern, Söhnen, die nicht entführt worden waren, aber ebenso unter dem Terror des IS standen, wochenlang auf der Flucht, gehetzt und traumatisiert.

Was auch immer die Jesid*innen im Einzelnen erlebt haben, die Wahrnehmung und Darstellung von Gewalt offenbaren vor allem die Vorstellungswelt und Wahrheitskriterien der Zuschauenden.[22] Als die Publizistin Susan Sontag Anfang der 2000er Jahre ihren Band *Das Leiden anderer beobachten* veröffentlichte, beherrschte der Irakkrieg die Medien und bot reichhaltiges Material für ihre Überlegungen. Zunächst, so Sontag, sollte der medialen Darstellung von Gewalt stets misstraut werden, da sie nur einen Ausschnitt und bestimmten Blickwinkel transportiere. Eine verengte Darstellung von Gewalt erleichtere es den Zuschauenden (sprich Mediennutzer*innen), sie zu externalisieren. Da die mediale Vermittlung auf diese Weise dem Bedürfnis der Zuschauenden nach Komplexitätsreduktion entgegenkomme, gingen Medien und Mediennutzende eine geradezu produktive Kooperation ein. Ein Gewaltkonflikt lässt sich so als antagonistische Situation vor Ort klar deuten, in der aus Sicht der Zuschauenden dort die ›bösen Täter‹, da die ›unschuldigen Opfer‹ agieren. Zugleich stellt Sontag aber klar, dass Bilder, so ausschnitthaft sie sind, oft die einzigen Medien sind, um Mitgefühl, Empörung und möglicherweise eine Form von Solidarität bei den Beobachtenden erzeugen. Man kann dies als alltägliches Dilemma von Kriegsberichterstatter*innen begreifen, deren Bilder aus Krisengebieten nun einmal Geschichten und Aufhänger vermitteln müssen, damit sie im knallhart getakteten Aufmerksamkeitssystem der auftraggebenden Länder (meist des Globalen Nordens) durchkommen. Das erfordert drastische Verknappungen und ist doch oft das einzige Mittel, um Gewaltsituationen sichtbar zu machen. In einem ähnlichen Dilemma stecken auch NGOs, die auf Geberländer und nichtstaatliche Unterstützung angewiesen sind, weshalb ihre Kampagnen nicht selten der stereotypisierenden Deutung von Gewalt Futter geben.

Dieses Dilemma ist weithin bekannt. Dennoch wird über Gewalt im Globalen Süden oft in voyeuristischer Form berichtet, angereichert mit rassifizierenden, barbarisierenden und kulturalisierenden Elementen. Ohne historischen und politischen Kontext heranzuziehen, werden die Eigenschaften beschriebener Personen und Umstände des Konflikts nicht nur vereinheitlicht, sondern auch verrätselt oder als nicht erklärbar dargestellt. Unterschiede und Konflikte zwischen Gruppen oder Gesellschaften gelten als Folge ihrer spezifischen Kultur und als Ausdruck einer Eigenschaft: »Die sind nun mal so!« Wenn die Gewalt an den Jesid*innen mit vermeintlich tribalistischen Trieben der (IS-)Kämpfer erklärt wird, erzeugt dies zwar Mitgefühl und Empörung, ermöglicht den Beobachtenden aber auch, die strukturellen Ursachen für die Entstehung des IS und seines Gewaltsystems zu ignorieren, genauso wie die systematische und international nicht bekämpfte Benachteiligung von Frauen unhinterfragt bleibt. Die Gewalterfahrung der Opfer wird zu einer Erfahrung ›Anderer‹, was Distanz zum eigenen Handlungsbereich schafft. Letztlich vergewissert sich der Globale Norden damit seiner politisch-kulturellen und normativen Dominanz. Tatsächlich aber macht eine solche unterkomplexe und rein antagonistisch angelegte Deutung die Gewalterfahrungen von Männern und Kindern unsichtbar. Und ohne die lokalen, nationalen und internationalen Bedingungen zu analysieren, unter denen Gewalt an Frauen und sexuellen Minderheiten geschieht, geraten auch postkoloniale Machtasymmetrien und soziale Ungleichheiten aus dem Blick.[23] Ein typisch europäisches Vorgehen.

Den Blick weiten: drei Perspektiven auf die Geschlechterordnung von Gewalt und Gewalterfahrung

Die Geschichte von Nadia Murad steht beispielhaft für grundsätzliche Problematiken, wenn wir über die geschlechtsspezifischen Zuweisungen von Krieg und Frieden und über den Zusammenhang von Gewalterfahrung und Geschlecht nachdenken. Denn geschlechtsspezifische Gewalterfahrungen weisen einen doppelten Charakter auf. Auf der einen Seite erleben Frauen Gewalt, weil sie Frauen sind bzw. als solche gelesen werden, und dies gilt im Krieg wie im Frieden. Neben dieser handfesten Erfahrungsebene sind sie auf der anderen Seite Teil einer Gesellschaft, in der geschlechtsspezifische Diskurse, Vorurteile und Stereotype (»Die hat es doch drauf angelegt!«) bestimmen, ob ihre Erfahrung anerkannt wird. Sagbarkeitsregeln, Stereotype, Vorurteile und offensichtliche wie unterschwellige soziale Regeln wirken darauf ein, ob und wie solche Erfahrungen erzählt werden können und vor allem, ob und wie sie gehört und anerkannt werden.

Für manche Gewalterfahrung entstanden erst im Laufe der Zeit und infolge feministischer Forderungen Beschreibungskategorien. So galten Vergewaltigungen von Frauen im zivilen wie im kriegerischen Kontext bis weit in das 20. Jahrhundert hinein als leidvolle, aber unvermeidliche Gewaltschicksale. Im Zusammenhang mit Kriegsverbrechen hat es die längste Zeit gar kein Vokabular für geschlechtsspezifische und sexualisierte Gewalt gegeben, so dass die spezifische Gewalterfahrung von Frauen oder auch Männern nicht vermittelt werden konnte. Damit war sie zwar individuell erfahren worden, aber für die Allgemeinheit nicht existent. Über Gewalterfahrung nachzudenken bedeutet deshalb, sowohl physische und materielle Bedingungen der Tat als auch diskursive Regeln des Umgangs damit in den Blick zu nehmen.

Daraus ergeben sich mindestens drei miteinander verwobene Perspektive, in denen Gewalterfahrung und Geschlechterordnung betrachtet und diskutiert werden müssen.

Erstens gilt es anzuerkennen, dass die Ordnungskategorie ›Geschlecht‹ eine gesellschaftsweite Macht besitzt, der sich niemand entziehen kann. Heteronormative, bipolare Geschlechterdiskurse und -modelle prägen sämtliche Lebensbereiche. Geschlecht wirkt zudem nicht allein, sondern ist verschränkt mit weiteren Kategorien, anhand derer Menschen diskriminiert oder privilegiert werden, wie etwa *race*, Klasse, Religion, Alter, Bildung. Selbst bei Anerkennung eines Grundstocks an biologisch determinierten Ungleichheiten zwischen den Geschlechtern lassen sich die existierenden ungleichen Verhältnisse zwischen den Geschlechtern nicht darauf zurückführen. Vielmehr wirken geschlechtsspezifische Bilder und Zuweisungen, Erwartungen und Rollenaneignung darauf ein. So gibt es zwar biologische Unterschiede zwischen Menschen, die Kinder gebären können, und jenen, die es nicht können. Aber die für die erste Gruppe einsetzenden beruflichen Nachteile nach einer Geburt sind Folge von politischen und sozialen Entscheidungen, also Folge von bewussten Handlungen und machtpolitischen Strukturen. Solche ungleichen, weder schicksalhaften noch naturgegebenen Verhältnisse sind ungerechte Verhältnisse.

Damit eng verbunden ist zweitens, dass diese in gesellschaftlichen, politischen und ökonomischen Zusammenhängen wirkende ungerechte oder auch asymmetrische Geschlechterordnung gleichermaßen in Kriegs- und Gewaltsituationen wirkt und sich verschärft. Es gibt keine Geschlechterordnung, die nur im Krieg oder nur im Frieden herrscht. Und es gibt auch keine geschlechtsspezifische Gewalt, die nur im Krieg ausgeübt wird. Sondern im Gegenteil: Die Geschlechterordnung in Krieg und Militär sowie die geschlechtsspezifische Gewalt, die in Kriegssituationen ausgeübt wird, sind verwoben mit der Vorkriegszeit, setzen sich in die Nachkriegs- bzw. Nachgewaltzeit hinein fort und sind eingebettet in einen gesellschaftlichen Kontext, an dem das Militär teilhat. So erklärt sich, warum Gewalterfahrungen nach dem Ende von Kriegen ungleich behandelt werden, denn nur jene, die ordnungspolitisch stabilisierend wirken (welche Ordnung auch immer angestrebt ist), werden gesehen, gehört und anerkannt. Umso mehr muss die lange Dauer von Kriegsgewalterfahrung stärker als bisher Berücksichtigung finden, nicht nur in der Wissenschaft, sondern auch in Politik und Gesellschaft, wenn es um die Frage geht, wie sie verhindert werden kann und wie mit ihr in Nachkriegsgesellschaften umzugehen ist.

Daraus ergibt sich drittens eine doppelte Herausforderung. Geschlechtsspezifische Gewalterfahrungen müssen sichtbar gemacht werden, die Menschen *als* Frauen oder *als* Männer oder, weil sie sich der einen oder anderen Geschlechtszuweisung entziehen, als queere Person erfahren. Diese spezifischen Gewalterfahrungen müssen in ihrer Unterschiedlichkeit erst einmal erkannt und anerkannt werden. Und gleichzeitig müssen Strukturen und Prozesse analysiert und offengelegt werden, die Gewalt und Gewalterfahrungen oft in einer stark verengenden und marginalisierenden Form als weiblich oder männlich markieren, instrumentalisieren oder auch rechtfertigen.

Die enge Verknüpfung von Erfahrung, Beobachtung und Deutung von Geschlecht und Gewalt wirft meiner Meinung nach machtpolitische Fragen auf: Welche Opfer schaffen es in die Nachrichten? Über welche Täter (wenn wir zum Beispiel von Kriegsverbrechen sprechen) wird berichtet und über welche nicht? Und wessen Stimmen und Erfahrungen werden gehört? Wessen Erinnerungen gelten in den Zeiten nach dem Ende von Gewalt als ›wahr‹, und wessen Erinnerung wird eher verschwiegen?[24] Wessen Gewalterfahrung nimmt die Mehrheitsgesellschaft zum Anlass, Bedingungen zu verändern, die solche Gewalt ermöglichen? Zeit für einen Blick in die Geschichte.

Kriege, Gewaltkonflikte und militarisiertes Denken produzieren in besonderer Weise zweigeschlechtliche Sinnzusammenhänge und Identitätsmuster, die wie ein Rüstzeug wirken sollen. Wenn die persönliche Lebenswelt bedroht wird, gesellschaftliches Leben unter Druck gerät und die politische Führung Zusammenhalt einfordert, schrumpft in der Regel der Spielraum für abweichendes Geschlechterverhalten. Heteronormative Ordnungsmuster garantieren klar zugewiesene Rollen und Räume und damit eine offenbar für Kriege notwendige Gesellschaftsordnung. Mit welcher Dynamik dies geschehen kann, lässt sich an der kriegerischen und gewalthaften Entwicklung moderner Staaten erkennen.

Waren militarisierte Frauen noch in der Frühen Neuzeit positiv konnotiert, änderte sich dies spätestens ab dem 18. Jahrhundert.[25] In Europa erschütterten Revolutionen und Nationalbewegungen das Feudalsystem und beseitigten es sogar in manchen Teilen des Kontinents. Identifikation stiftete nicht mehr der dynastische Herrscher, sondern nunmehr die Nation. Überhaupt galt es, sich vom Feudalsystem abzusetzen, womit den Militärapparaten große Bedeutung zukam. Seitdem das Militär nicht mehr dem Adel vorbehalten war, sondern für die meisten Staatsbürger geöffnet wurde, konnte das klassenübergreifende Recht, Waffen zu tragen, als Errungenschaft und staatsbürgerliche Auszeichnung gelten. Sie blieb Frauen freilich vorenthalten. Mit der allgemeinen Wehrpflicht verfestigte sich das Militär vielmehr zu einem »Männerraum«, während Frauen auch in anderen Bereichen Macht einbüßten.[26] Die bis dahin durchaus elastische Vorstellung von männlicher Öffentlichkeit und weiblicher Privatheit (man denke nur an die zahlreichen fürstlichen Herrscherinnen), verfestigte sich nun zu einem Ideal. Moderne Staaten und bürgerliche Gesellschaften verstanden sich fortan als geordnete Welten, in denen Männer Geschäfte und Politik machten, während Frauen das Heim pflegten.

Zusammen mit dem aufblühenden Kapitalismus, wohl einer der erfolgreichsten weltordnenden Ideologien der Moderne, setzte die Bildung von Nationalstaaten nicht nur auf dem europäischen Kontinent, sondern weltweit eine Reihe an Vereinheitlichungen in Gang. Dazu zählten etwa die Einführung und Durchsetzung von Verwaltungsvorschriften oder eine für alle Regionen verbindliche Uhrzeit (in Europa erst in der zweiten Hälfte des 19. Jahrhunderts). Aber mehr noch waren und sind es ethnische, religiöse, rassistische, klassistische und eben auch geschlechtliche Vereinheitlichungen, die zum Fundament eines jeden Nationalstaates beitragen, seine kapitalistische Grundordnung nähren und bis in die Gegenwart einen spürbaren Einfluss haben. Die politischen Projekte der bürgerlichen Moderne – ›Nation‹, ›Staat‹ oder ›Volk‹ – bestanden aus hochwirksamen und anschlussfähigen Vorstellungen von ihrer jeweiligen Homogenität, die sich zu einem Gutteil auf eine heteronormative und bipolare Geschlechterordnung stützten.[27]

Diese Entwicklung muss man sich vor Augen halten, um historische Erzählungen oder aktuelle Berichte einordnen zu können, die Frauen als Kriegerinnen oder Militaristinnen thematisieren.[28] Finden sich darunter auch Texte, die das Frau-Sein der Soldatin oder der Kämpfenden nicht in besonderer Weise hervorheben? In der Regel sind die Armeen in Kriegserzählungen und -bildern lediglich bevölkert von weinenden Müttern, mitziehenden Marketenderinnen (»Mutter Courage«), Sexarbeiterinnen oder mitfühlenden Krankenschwestern (Florence Nightingale). Bewaffnung und Uniform, die markieren, dass die Träger*innen vorrangig oder einzig einen soldatischen Auftrag verfolgen, wurde Frauen nur in Ausnahmefällen zugestanden und weckt auch noch in der Gegenwart eher schwülstige bis gewaltvolle Phantasien, als dass sie sachlich zur Kenntnis genommen werden.

Zu den ältesten Überlieferungen eines weiblichen Militarismus zählt sicherlich die Amazonensage der griechischen Mythologie. Das gewalttätige und furchteinflößende Heer der Amazonen galt als ständige Bedrohung für die zivilisierte Welt der Griechen. Die völlig erfundene Erzählung über ungebändigte, die Ordnung bedrohende Frauen fungierte in der hellenistischen Epoche als Motivation und Teambuilding-Botschaft für die männlichen Kämpfer. Denn als Grundbotschaft transportierte die Sage: »Die einzig gute Amazone war eine tote oder […] eine, die im Schlafzimmer gebändigt worden war«.[29] In dem auch heute noch von Journalist*innen verwendeten Begriff der ›Amazone‹ hat sich dieser gewalthafte und sexualisierte unheilvolle Kern der Sage vermeintlich abgeschliffen und wirkt der Begriff vielmehr als Code, der auf die rein äußerliche Attraktivität der Kämpferinnen verweist.[30] Ihnen wird zwar nicht die Fähigkeit zur tödlichen Effizienz abgesprochen, aber in Frage gestellt, ob sie als professioneller oder regulärer Teil des Militärsystems gelten können. Solche Zuschreibungen korrelieren mit der Realität. Denn obwohl in den Kriegen des 20. Jahrhunderts zahlreiche Frauen kämpften, oft in eigenen Einheiten wie in der Roten Armee oder in gemischten Partisan*innenverbänden wie in Spanien, Frankreich oder Kurdistan, wurde ihnen nach dem Ende der Kriege ein Soldatenstatus abgesprochen und die Erinnerung an sie »unter den Teppich gekehrt«.[31] Weibliche Kriegerinnen bleiben in Geschichte und Gegenwart im Ausnahmestatus, dienen als Projektionsflächen und werden in der Regel exotisiert sowie sexualisiert. Für Frauen, die darüber hinaus die falsche Seite wählen, etwa als KZ-Aufseherin dem Nazi-Regime dienten oder an Folterungen mitwirkten, gilt dies in besonders drastischer Form.

Der männliche Krieger unterliegt nicht weniger Stereotypisierungen. Denn nach dem im Militärischen vorherrschenden Männlichkeitsideal sind es vor allem starke Männertypen, die wohlgeformt und mit ernstem Blick von Propaganda- und Werbeplakaten blicken. Der ›männliche Krieg‹ ist vor allem ein Großaufgebot an heroischen Einheitstypen. Während der Weltkriege war die Kriegspropaganda in allen kriegsbeteiligten Ländern geprägt von solchen extrem überzeichneten Geschlechterstereotypen. Dem potenten Kriegshelden stand immer eine hilfs- und reproduktionsbereite Frau zur Seite, beide zusammen dienten als Beleg für die Virilität der eigenen Nation. Feinde waren wiederum an ihrer sexuellen Übergriffigkeit zu erkennen und wurden durch rassistische und sexualisierte Merkmale als das Andere, Bedrohliche markiert. So bezeichneten Großbritannien und andere Alliierte den Überfall der deutschen Armee auf Belgien als ›Vergewaltigung‹ und stellten in ihrer Propaganda die ›deutschen Hunnen‹ als Vergewaltiger von Frauen dar, die von alliierten Soldaten befreit würden. Ein anderes Beispiel ist die NS-Propaganda, deren rassistische und sexualisierte Bilder jüdische Männer im Vergleich zum ›deutschen Mann‹ kleinwüchsig und schmalbrüstig zeigten, womit offenkundig auf Unterschiede in der Potenz angespielt wurde.

Geschlechterstereotype versprachen Stabilität und Eindeutigkeit, während die Kriegswirklichkeit das Gegenteil bewirkte. Denn die militärischen Apparate waren schon im Ersten Weltkrieg massiv auf zivile Unterstützung angewiesen, sei es im Sanitätswesen, in der Rüstungsproduktion oder im Zivilschutz. Dadurch wurden auch Frauen verstärkt in die Kriegsproduktion einbezogen; andere waren in Frontnähe sichtbar als Krankenschwestern, militärische Hilfsarbeiterinnen oder auch in irregulären Truppen. Frauen nahmen also am Kriegsgeschehen teil, ohne jedoch ihre traditionelle Rolle als helfende Hand aufgeben zu können. Dennoch entfaltete ihre Teilhabe und Sichtbarkeit in Frontnähe wie an der ›Heimatfront‹ eine geradezu subversive Kraft, die starke Gegenreaktionen auslöste. Denn bei aller nationalen Notwendigkeit, Frauen in der Rüstungsproduktion arbeiten zu lassen, wurden sie argwöhnisch beäugt und bei unweiblichem, sprich: auffälligem Verhalten öffentlich zurechtgewiesen, wie sich im deutschen Fall in zahlreichen Zeitungsartikeln und Verwaltungsdokumenten nachlesen lässt.[32]

In Zeiten kriegerischer Unordnung, oft gepaart mit nationalistischer Aufwallung, sind geschlechterpolitische Fortschritte möglich (siehe die Einführung des Frauenwahlrechts nach dem Ende des Ersten Weltkriegs), aber gleichzeitig wachsen das gesellschaftliche und politische Bedürfnis nach Orientierung und die Widerstände gegen eine angebliche Auflösung traditioneller Geschlechterrollen. Feministischer Fortschritt, der einen gesellschaftlichen Backlash auslöst, lässt sich als ›Double Helix‹ oder ›Feministisches Paradox‹ bezeichnen und ist bemerkenswerter Weise ein zeitloses Phänomen.[33]

Nach dem Ende des Zweiten Weltkrieges waren heroische Männlichkeitsbilder erst einmal passé, wenngleich sie unter der Oberfläche weiterwirkten. Denn nach Gründung der Bundeswehr 1955 stritt die bundesrepublikanische Öffentlichkeit und Politik regelmäßig darüber, wer im Militär dienen und dort welche Tätigkeiten ausführen dürfe. Kein Wunder, war und ist das Militär wie andere Institutionen, mit denen der Staat sein Gewaltmonopol durchsetzen will, »einer der zentralsten und brisantesten Orte der Konstruktion von geschlechtsspezifischer Subjektivität wie von Machthierarchien zwischen den Geschlechtern«[34] und als solcher entsprechend umkämpft.

Nach wie vor ist zu beobachten, wie der Eintritt ins Militär mit dem Erwerb ›echter‹ Männlichkeit, mit männlicher Pflicht oder männlichem Abenteuer beworben wird. Die ›Schule der Männlichkeit‹ öffnet weiterhin nur langsam und widerwillig Raum für geschlechtliche Gleichstellung und Vielfalt.[35] Zwar stand die Bundeswehr ab 1971 und verstärkt ab 1989/91 in Teilen auch für Frauen offen. Aber Deutschland musste nach dem Ende der Ost-West-Blockkonfrontation wie die meisten Streitkräfte in der OECD durch Gerichtsurteile und Gesetzesänderungen gezwungen werden, sich grundsätzlich für zuvor ausgeschlossene Gruppen zu öffnen. Ein Urteil des Europäischen Gerichtshofes im November 2000 bewirkte die vollständige Öffnung der Bundeswehr für Frauen. Aber noch 2023 liegt ihr

Anteil bei nur 13 Prozent im militärischen Bereich.[36] Andere Armeen, in denen Frauen schon seit Jahrzehnten Wehrdienst leisten, weisen keine exorbitant höhere Quote auf. Diese beläuft sich zum Beispiel in den USA auf etwa 14 Prozent und in Israel auf einen vergleichsweise hohen Frauenanteil von 30 Prozent. Obwohl Frauen seit 1948 Teil der israelischen Armee sind, fällt gerade hier auf, wie sie in Bildreportagen oder Dokumentationen anhaltend verdinglicht und sexualisiert werden.[37] Eine hohe Quote allein bewirkt keine strukturellen Veränderungen.

Auch in der Bundeswehr wird bis heute das gleichstellungspolitische Potential nicht genutzt; stattdessen sticht ihre Unbeweglichkeit hinsichtlich geschlechtlicher Vielfalt ins Auge. Hierbei fallen Kontinuitäten traditioneller Sexualitätsideologien ins Auge, die sich etwa in der Ungleichbehandlung männlicher und weiblicher Homosexualität äußern. So traten ab den 1970er Jahren mit der Zulassung von Frauen logischerweise auch Lesben in den Bundeswehrdienst ein, was aber niemandem problematisch erschien. Die interne Debatte über Homosexualität in der Bundeswehr konzentrierte sich allein, und zwar in rundweg homophober Weise, auf schwule Männer. Bis weit in die 1990er Jahre hinein gab es verbreitete und vom Verteidigungsministerium sogar gestützte Tendenzen, männliche Homosexualität als Beleg für Untauglichkeit oder Unzuverlässigkeit zu bewerten. Ähnliche Reaktionen gegenüber Lesben sind nicht bekannt. Jüngere Studien belegen, dass sich seit der Öffnung der Bundeswehr für Frauen und Homosexuelle zu Beginn der 2000er Jahre nur wenig an den inneren Strukturen und dem Wertekanon als heteronormative cis-männliche Domäne geändert hat.[38]

Besonderen Konfliktstoff birgt in allen Armeen die Frage, ob Frauen auch an Kampfeinsätzen teilnehmen dürfen, also am, wenn man so will, Kerngeschäft des Militärs. In Israel etwa dienen die meisten Soldatinnen eher in der Nachhut oder in der Verwaltung; ähnlich sieht es in anderen Armeen aus. Mit teils hanebüchenen, in der Regel stumpf biologistischen Begründungen wird Frauen die Fähigkeit abgesprochen, einen solchen Einsatz angemessen durchführen zu können, während den männlichen Soldaten unterstellt wird, sie könnten mit Frauen an ihrer Seite nicht mehr effizient ihre Aufgabe erfüllen. Gebe es Frauen in der eigenen Kampfeinheit, werde der Beschützerinstinkt von Männern stimuliert und ihre Kampffähigkeit herabgesetzt. Was sich darin ausdrückt, ist kaum Sorge um einzelne Soldat*innen, sondern vielmehr ein bipolares Weltbild, das eine lange Tradition hat: Schon Odysseus wurde als Held gezeichnet, den die (weiblichen) Sirenen vom Kurs ablenkten. Daran knüpfen Argumente an, die entgegen jeder organisationssoziologischen Erkenntnis behaupten, die Effizienz einer Organisation ergebe sich aus ihrer Homogenität. Warum aber soll ausgerechnet das Geschlecht und nicht Führungsstil oder Arbeitsabläufe als maßgebliches Homogenitätskriterium gelten?

Die Behauptung, Frauen oder auch Homosexuellen fehle es an geeigneten Eigenschaften, um in einer Institution wie dem Militär effizient mitzuwirken, verdreht die Tatsachen. Denn es sind die Organisationen und deren Routinen, die bei ihren Mitgliedern homogenes Verhalten und Auftreten herstellen – nicht andersherum. Aus diesem Grund sind in wohl allen Armeen der Welt die berühmt-berüchtigten, in der Regel erniedrigenden und sexualisierten ›Eingangsrituale‹ verbreitet. Mit ihnen werden neue Rekrut*innen im wahrsten Sinne des Wortes unterworfen, um sie zuzurichten und schließlich auf das organisationsinterne gewaltaffine Denken und Handeln vorzubereiten. Ohne interne Sanktionierung, ohne gendersensibles Training und äußeren Druck setzen sich solche Praktiken und andere sexuelle Übergriffe oder Diskriminierung fort, bis sie schließlich auch das Gewaltverhalten im Kampfeinsatz beeinflussen.

Tabus und Unsichtbarkeiten geschlechtsspezifischer Gewalt

Obwohl die Gewalterfahrungen während des Zweiten Weltkrieges so unterschiedlich waren, setzte sich zunächst eine gleichförmige Erinnerung daran durch. In der bundesrepublikanischen Erinnerungskultur dominierten zunächst die Kriegsopfer, danach schien man mit dem Holocaustgedenken der Vergangenheitsbewältigung genüge getan zu haben. Wie weitreichend und vielfältig der NS-Verfolgungsapparat jedoch agierte und wie divers die Gewalterfahrungen waren, die es zu erinnern galt, schälte sich nur langsam und oft gegen Widerstand heraus. Die sehr spät einsetzende Erinnerung an homosexuelle Opfer des Holocaust, an Sinti und Roma oder Menschen mit Behinderung und ihre spezifischen Gewalterfahrungen mag dafür ein Beispiel sein. Wer ihre Existenz nun aber als »Opferkonkurrenz« bezeichnet, verkennt, dass es sich hier um die Folge einer verschleppten Erinnerungsarbeit im Umgang mit den verschiedenen Gewalterfahrungen handelt.

Nach 1945 entwickelte sich ohnehin zunächst eine intensive Täterforschung, die sich in der Bundesrepublik lange Zeit auf den Nationalsozialismus konzentrierte und sich erst im Laufe der Zeit durch die soziologische Gewaltforschung auf generelle Gewalt und ihre Urheber*innen ausweitete. Als man sich noch vorrangig auf die Führungskräfte und prominenten Figuren des NS konzentrierte, dominierte ihre Pathologisierung als ›NS-Clique‹. Von Bestien und Monstern war die Rede, womit nicht zuletzt die NS-Verbrechen von der eigenen Lebenswirklichkeit abgespalten werden konnten. Erst als sich in der Geschichtswissenschaft die Kritik durchsetzte, auf diese Weise ließe sich wohl kaum der industriell durchgeführte Massenmord an den europäischen Juden erklären, kamen weitere Täter*innen und Beteiligte in den Blick.

In den 1990er Jahren änderte sich der Tenor und hinter den Täterbildern wurden ›ganz normale Männer‹ sichtbar, die je nach sozialer Dynamik bereit gewesen waren, Gewalt auch grausam und massenhaft auszuüben.[39] Offenkundig braucht es keine besondere Veranlagung, um sich an Kriegsverbrechen oder Massengewalt zu beteiligen, vielmehr wirken Kontext, Gruppendynamik und Dehumanisierung der potentiellen Opfer auf die persönliche Handlungsweise ein. Seitdem hat die Gewaltforschung viel dazu beigetragen, die in Kriegs- wie Friedenszeiten ausgeübte Gewalt zu entmystifizieren.[40] Sie ist nun mal – siehe oben – eine stets verfügbare Handlungsoption.

›Ganz normalen Frauen‹ begegnet man in der Täter*innenforschung oder in öffentlichen Darstellungen eher selten. Während männliche Gewalttäter (wenn es nicht gerade Serienkiller sind) aus einer Normalitäts- und Alltagsperspektive untersucht werden, unterliegen weibliche Täterinnen einer ungebrochen starken Sexualisierung und Exotisierung. In der deutschen Nachkriegsgesellschaft hatte die Konstruktion von Exzesstäterinnen, also Frauen, die durch ihre Hingabe an den ›Führer‹ in einen geradezu irren Gewaltrausch versetzt worden seien, eine entlastende Funktion.[41] Sie galten als Teil einer chaotischen, emotional übersteigerten Vergangenheit, von der man sich distanzierte, während in einer ›ordentlichen‹ Gesellschaft solche Exzesse nicht mehr möglich waren. Bis ins feministische Denken reichte diese Auslegung weiblicher Gewalttätigkeit.

Es ist bemerkenswert, mit welcher Konstanz gewaltausübende Frauen schockieren und faszinieren. In der Bundesrepublik wurde bis in die 1960er Jahre darüber diskutiert, ob Polizistinnen überhaupt Waffen tragen dürften. Die Repräsentation von Staatsgewalt war das Eine, aber Gewaltausübung im Namen des Staates etwas ganz anderes. Allgemein empfand man es als normal, dass dieses Recht, wie im Militär, den Männern vorbehalten blieb. In den 1970er Jahren setzte eine nur vermeintliche Emanzipierungswelle ein, als die Medien waffentragende Frauen verstärkt in Szene setzten. Hierbei wurden RAF-Terroristinnen wie bewaffnete Kommissarinnen auf ähnliche Weise gedeutet. Die waffentragende Frau war eine exotische und attraktive Ausnahmeerscheinungen und die von ihr signalisierte oder tatsächliche Gewaltbereitschaft galt entweder als eine Folge sexueller Hörigkeit oder ließ sich als ein nicht ganz ernstzunehmendes Accessoire inszenieren.[42] Die Deutung funktioniert auch heute noch, denn die ›einfache‹ Erklärung, dass auch Frauen Gewalt ausüben, weil sie es können und ihnen eine Machtsituation Gelegenheit dazu gibt, ist selten zu hören. Sie widerspricht offenbar allzu sehr der hartnäckig bipolaren Geschlechterordnung von Gewalt, nach der Frauen vor allem als Opfer gelten.

Den Überlebenden von Gewalt schlagen in Nachkriegs- oder Nachgewaltgesellschaften oftmals Schweigen und Tabus entgegen. Was die Mehrheitsgesellschaft ungern zur Kenntnis nimmt, ist die Tatsache, dass die meisten ihrer Tabus an Diskriminierungen der Kriegs- und Gewaltzeit anschließen. Zudem markieren sie jene Themen und Aspekte, die eine Nachgewaltgesellschaft mehrheitlich beschweigen will. Erfahrungen hierzu will sie nicht hören und so erst vertieft sich die Scham bei den überlebenden Opfern. Erst wenn Worte, Deutungen und Erinnerungsmuster entstehen oder durchgesetzt worden sind, die einen Rahmen schaffen, in dem solche Gewalt hörbar, sichtbar und damit anerkennenswert sein kann, erhalten auch marginalisierte Gewalterfahrungen einen Raum.

So erging es unter anderem Tausenden Frauen in Deutschland, die am Ende des Zweiten Weltkriegs und im Übergang zur Besatzungszeit sexualisierte Gewalterfahrungen gemacht hatten.[43] Vor allem in der sowjetischen Besatzungszone stellten Vergewaltigungen geradezu eine Alltagserfahrung dar, wobei die genaue Anzahl der Vergewaltigungen – sowohl in Deutschland als auch in anderen Ländern – sich nur schwer ermitteln lässt. Für die noch am besten erforschte sowjetische Besatzungszone geht die Forschung von einer massenhaft erlittenen und später tabuisierten Gewalt aus.

Konservativen Schätzungen zufolge wurden allein während des Einmarschs der Roten Armee in Berlin etwa

110 000 Frauen vergewaltigt, andere nehmen an, dass von den 1,5 Millionen Berlinerinnen etwa jede dritte Opfer einer Vergewaltigung wurde, oft mehrfach; viele starben.[44] Die Situation wurde von den Behörden keineswegs pauschal verschwiegen, sondern, da sie auch nach dem Einmarsch weiter anhielt, vonseiten der politisch Verantwortlichen als Kriminalitätsproblem offen diskutiert. Zeitgenössische Aufzeichnungen betroffener Frauen zeigen zudem ein breites »Spektrum an möglichen Thematisierungs- und Umgangsweisen« mit Vergewaltigungen, das sich keineswegs auf die erinnerungspolitische Kategorie »Opfer und Scham« reduzieren lässt.[45] Erst als die Kriegsgefangenen wieder heimkehrten, die Gesamtsituation sich stabilisierte und 1949 die DDR und die Bundesrepublik gegründet wurden, gingen in Ost wie West die öffentlichen Debatten über das gewaltvolle Verhalten der Besatzungssoldaten stark zurück. Sexualisierte Gewalterfahrung wurde zunehmend aus der öffentlichen Wahrnehmung verdrängt.

Die ostdeutsche Nachkriegsgesellschaft war besonders stark von sexualisierten Gewalterfahrungen betroffen. Aber dort wie im Westen konnten sie sich nicht als Erinnerungsnarrativ durchsetzen. In Westdeutschland wirkte ein unter Umständen noch stärkeres Tabu, das verhinderte, Vergewaltigungen durch alliierte Besatzungssoldaten zu thematisieren. Die Schätzungen reichen von mindestens 18 000 Vergewaltigungsfällen bis hin zu spekulativen 190 000 sexuellen Übergriffen allein von amerikanischen GIs und insgesamt wohl Hunderttausenden Vergewaltigungen.[46] Lange Zeit wurde von »Einzelfällen« gesprochen, ein sicheres Zeichen für einen allgemein wirkenden

Verdrängungsmechanismus. Zu den Verharmlosungen kamen rassifizierende Stereotype, mit denen die »wenigen Fälle« allein schwarzen GIs unterstellt wurden.[47]

Sowohl die wissenschaftlich gestützte Marginalisierung dieser Gewalterfahrungen als auch die in der ost- wie westdeutschen Nachkriegszeit wirkenden rassistischen Wahrnehmungsmuster sind bis heute kaum in den deutschen Erinnerungsdiskurs eingegangen. Während in der DDR die antifaschistische Doktrin dafür sorgte, individuelle Gewalterfahrung zu tabuisieren, galten in der Bundesrepublik Vergewaltigungen zwar als »kollektive Opfererfahrung der Nation«, aber der »physische Gewaltakt, den die einzelnen Frauen erfahren hatten«, wurde verdrängt und zu einer privaten Angelegenheit degradiert.[48]

Auch andere geschlechtsspezifische Gewalterfahrungen der NS-Zeit fanden nur sehr langsam Eingang in die deutsche Erinnerung. Dazu zählen Abweichungen vom heteronormativen Geschlechtermodell, die das NS-System zwar nicht immer bestrafte, aber durchweg als schädlich markierte. Die NS-spezifische geschlechterpolitische Normierung reichte von den strikt geschlechtsspezifisch angelegten NSDAP-Organisationen über die sogenannte ›Mischehe‹ bis hin zum Verbot männlicher Homosexualität als vorgebliche Bedrohung der ›Volksgemeinschaft‹.

Letzteres betraf bis zu 50 000 Männer, die zwischen 1933 und 1945 unter diesem Verdacht verhaftet wurden.[49] Im KZ versehen mit dem rosa Dreieck wurden sie oft besonders grausam behandelt. Auch trans* Personen waren dem ausgesetzt, wobei die Forschung dazu noch in den Anfängen steckt.[50] Völlig verdeckt lief zudem die bis heute kaum thematisierte Diskriminierung und Bestrafung von Lesben im

Nationalsozialismus. Sie wurden nicht als Lesben, sondern in der Regel als Frauen mit abweichendem Sexualverhalten pathologisiert und als sogenannte ›Asoziale‹ oder Prostituierte in Anstalten, Gefängnisse und Konzentrationslager verbracht.[51]

Wie weitreichend und systemübergreifend solche geschlechtsspezifischen, gewalthaften Ausschlussmuster wirken, zeigt die Tatsache, dass der während des Nationalsozialismus verschärfte § 175 des Strafgesetzbuches in dieser Form in der Bundesrepublik bis 1969 in Kraft blieb.[52] Erst 1994 wurde der Paragraph ersatzlos gestrichen, 2002 hob der Bundestag die während der Zeit des Nationalsozialismus gefällten Urteile auf und 2017 endlich auch alle nach 1945 ergangenen Urteile. Eine ähnliche fortgesetzte Diskriminierung erlebten ehemalige Wehrmachtsdeserteure, die in der Bundesrepublik noch lange Zeit mit der Abwertung als ›Feigling‹ konfrontiert waren und deren NS-Urteile erst im Jahr 2002 aufgehoben wurden.[53] Ohne jede Rehabilitierung bleiben freilich lesbische Frauen, deren Verfolgung durch den NS-Apparat ebenso schwierig zu rekonstruieren sind, wie ihre Lebenswege während der NS-Zeit und danach.

Das Be- und Verschweigen von Gewalterfahrung wirkt aber nicht nur diskriminierend, sondern hat auch eine gesellschaftsstabilisierende Funktion. So können nach dem Ende von Gewalt und Zerstörung alle Kräfte in den Aufbau fließen, der Straßen, des Gemeinwesens und der eigenen Moral. Kollektive Amnesie bündelt die Kräfte und wer von vergangener Gewalt spricht, gilt dann schnell als Verhinderer. In Westdeutschland symbolisieren die sogenannten Trümmerfrauen diese Form von Verdrängung auf mehreren Ebenen. Obwohl alle möglichen Bevölkerungsgruppen an den Aufräumarbeiten in den zerstörten Städten beteiligt waren, prägen vor allem die Bilder zupackender Frauen mit Kopftüchern das öffentliche Erinnern an das »große Aufräumen«.[54] Die Figur der Trümmerfrau entlastete auch noch die spätere Nachkriegsgesellschaft mit ihrer vermeintlich unpolitischen Vergangenheit, zumal ihr handfestes Tun gut in die Erzählung der Aufbaugesellschaft passte. Ihr gegenüber stand lange Zeit das negativ besetzte ›Ami-Liebchen‹, das vermeintlich oder tatsächlich mit GIs engere Kontakte pflegte, um persönliche Begünstigungen herauszuschlagen. Ziemlich offensichtlich setzten sich in solchen Bezeichnungen Bewertungsmaßstäbe aus der Kriegs- und NS-Zeit fort, nach denen das Frausein auf einer Skala zwischen Keuschheit versus sexuelle Unzuverlässigkeit und Faulheit versus Arbeitsfleiß beurteilt wurde.[55] Ähnliches ist für Männer, obwohl gleichermaßen vielfältig in ihrer Überlebensstrategie nach dem Ende des Kriegs, nicht überliefert. In erster Linie aber verschwanden hinter diesen Bildern sowohl die breite Teilhabe von Frauen im NS-System als auch individuelle Gewalterfahrungen.

Erst mit der Frauenbewegung der 1970er Jahre und dank feministischen Theoretikerinnen wie Gerda Lerner oder Susan Brownmiller veränderte sich die Bewertung von individuell erfahrener sexueller Gewalt.[56] Vergewaltigungen, so die feministische Forderung, sollten nicht mehr als eine Folge individueller triebhafter Fehlsteuerung von Männern und somit als sexueller Akt gewertet werden, sondern als eine spezifische Form von Gewalt. Bis dies auch für Vergewaltigungen im Krieg galt, dauerte es jedoch noch längere Zeit. Erst nach der Aufarbeitung der Jugoslawienkriege

(1993) sowie des Genozids in Ruanda (1994) und nach der Einrichtung des Internationalen Strafgerichtshofs (2001) erkannte endlich auch das Völkerrecht Vergewaltigungen als Kriegswaffe und sexuelle Gewalt als Teil kriegerischer Dynamik an.[57] Nun konnten nicht nur mehr Frauen ihre Fälle gezielt vor Gericht tragen; die veränderten Bewertungsmaßstäbe rückten auch Männer als Opfer von sexualisierter Gewalt in den Blick. Da sexualisierte Gewalt häufig keine eindeutigen Spuren hinterlässt, sind eindeutige Bezeichnungen der Taten und Erfahrungen umso wichtiger.

Je mehr die Forschung und politische Aufarbeitung der Erfahrungsebene von Gewaltopfern nachging, desto weniger ließen sich Kriegsgefangene, Zwangsarbeiter*innen oder Opfer von Kriegsverbrechen als homogene Gruppen deuten. Intersektionale Arbeiten zeigten vielmehr wie vielschichtig Gewalterfahrungen sind, oft verflochten mit misogynen oder homophoben Vorstellungen. Erst jüngst hat die Holocaustforschung aufgezeigt, wie das Gewalterleben im NS-Verfolgungssystem durch Geschlecht, aber auch Klasse, Sexualität, *race*, Religion, Alter oder Herkunft bestimmt war.[58] In Kriegsgebieten, besetzten Territorien oder in der Haft entwickelten gewaltbetroffene Männer und Frauen zudem ganz unterschiedliche Überlebensstrategien.[59] Dennoch wird eigenständiges Handeln von Gewaltopfern – ihre *agency* – häufig auch noch retrospektiv, in Erinnerung und Forschung unsichtbar gemacht. In zahlreichen Darstellungen des KZ-Systems nehmen in der Regel Täter*innen die aktiven Rollen ein, während die Häftlinge als passive Statisten durch die Szenerie wanken und Gewalt erleiden. Letzteres war zwar tägliche grausame Realität, aber gleichzeitig hatten KZ-Häftlinge eine individuelle Identität, sexuelle Bedürfnisse und unterschiedliche Orientierungen, sie hatten Beziehungen miteinander, Erwartungen und einen Spielraum für eigenes Tun. Diese Dimension des menschlichen Daseins außer Kraft zu setzen, war eines der Hauptziele nicht nur des KZ-Systems, sondern der gesamten dehumanisierenden NS-Politik. Diese Dimension und ihre lange Dauer muss in Erinnerung und Forschung wieder sichtbar werden.[60]

Die lange Dauer von Gewalterfahrungen und Geschlechterordnungen in Vorkriegs- und Nachkriegsgesellschaften

Zwischen Gewaltkonflikten und einer verbindlichen Herstellung von Frieden entsteht in der Regel eine höchst prekäre und gefährliche Übergangsphase mit offenem Ausgang. Die historiographische Erschließung der für Europa so bedeutsamen Weltkriege erweckt zwar den Eindruck, sie seien zeitlich klar begrenzt und übersichtlich gewesen, insbesondere im Vergleich mit zahlreichen Kriegen der Gegenwart. Aber tatsächlich erlebten sowohl Soldaten als auch Zivilbevölkerung das Ende dieser Kriege nicht einheitlich, sondern als diffus und unabgeschlossen. War die Gefahr vorbei und die Gewalt wirklich beendet? Oder fand sie weiter statt, wurde nun aber anders bezeichnet? Frieden, verstanden als ein Zusammenleben, in dem Konflikte gewaltlos gelöst werden, setzt sich nicht sofort einheitlich durch, sondern wird nur allmählich hergestellt.

Militärisch mag oder muss es immer wieder gelingen, zwischen Krieg, bewaffnetem Konflikt, Kriegsende, Gewaltende und Friedensprozess klar zu unterscheiden, aber auf der Ebene der individuellen oder kollektiven Erfahrung sind die Übergänge eher fließend. Zudem kann selbst eine verbindlich geltende Waffenruhe je nach persönlicher Sicherheitslage sehr unterschiedlich erfahren werden. Die Bestimmung, ab wann oder in welcher Form von ›Frieden‹ die Rede sein kann, wird zudem erschwert, weil Gewalterfahrungen (insbesondere geschlechtsspezifische und/oder sexualisierte) auch noch das Miteinander in Nachkriegsgesellschaften prägen.[61] Deren Gewaltgedächtnisse sind heterogen und beeinflussen, was in Nachkriegsgesellschaften von nun an als Gewaltsituation anerkannt wird.[62] Die daraus entstehenden Konflikte sind meist mit Fragen der Geschlechterordnung verknüpft.[63]

Als Deutschland beispielsweise am Ende des Ersten Weltkriegs eine vollständige Niederlage mit einer bis dahin ungekannt hohen Zahl an Opfern eingestehen musste, fiel es vielen schwer, sowohl den Friedensschluss als auch die Wirklichkeit der Nachkriegszeit zu akzeptieren. Überzogener Nationalismus und eine hohe Gewaltaffinität prägten auf allen Seiten und insbesondere in Deutschland die Zeit zwischen 1918 und 1933. Sie nährten eine Mentalität, die im Nachhinein den Begriff ›Zwischenkriegszeit‹ anstatt Friedenszeit entstehen ließ. Hier entstanden Gewalttraditionen und -diskurse, deren Vorläufer bis in die deutsche Kolonialzeit zurückreichten und die wiederum in die faschistische und nationalsozialistische Gewalt einflossen.

Trotz oder gerade wegen der intensiven Kriegs- und Gewalterlebnisse war den versehrten Soldaten keineswegs eine Anerkennung ihrer Gewalterfahrungen sicher. Geradezu verstört zeigte sich die deutsche Nachkriegsgesellschaft angesichts der hohen Zahl kriegsversehrter Männer, die nach dem Ende des Ersten Weltkriegs in die Städte und Dörfer heimkehrten. In Großbritannien, Frankreich oder im Deutschen Reich hatten 50 bis 80 Prozent der Männer im Alter zwischen 15 und 40 Jahren Militärdienst geleistet, so dass in fast allen Familien auch Kriegsverletzungen in irgendeiner Form präsent waren. In Deutschland personifizierten die aus dem Feld heimgekehrten »beschädigten Helden« vor allem den Verlust an nationaler Stärke.[64] Denn die übersteigerten Erwartungen an den Krieg waren in Deutschland zwar schon lange vor 1918 enttäuscht worden, aber auf eine solche ›schmachvolle‹ Niederlage – so das Geraune der Rechten – waren die meisten emotional nicht vorbereitet.

Der verlorene Krieg bedeutete zudem den Verlust von Kolonial- wie Reichsgebieten, eine drastische Einschränkung der Militärfähigkeit und Reparationszahlungen. Zusammen mit den Gewalterfahrungen auf dem Schlachtfeld, einem angeblichen ›Stahlgewitter‹ echter Abhärtung und Tatkraft, fütterten diese ›Ehrabschneidungen‹ einen heroischen Männlichkeitskult, der sich in der Nachkriegszeit nicht abnutzte. Im Gegenteil diente er in zahlreichen Männerbünden und -kreisen – nicht alle von ihnen standen rechts – als Sehnsuchtsideal, das Rechtsstaat und repräsentative Demokratie delegitimierte.

Der Literaturwissenschaftler Klaus Theweleit legte 1977, zu einer Zeit als die Frauenbewegung über patriarchale Strukturen als Quelle gewalthafter Ordnungen diskutierte, mit seinem zweibändigen Werk *Männerphantasien* eine eindringliche Studie über faschistische Männlichkeits- und Gewaltphantasien in den 1920er Jahren und damit über den

Vorlauf faschistischer Gewalt vor.[65] Die Arbeit stellte Quellen aus Literatur, Presse und Ego-Dokumenten zusammen, mit denen Theweleit die Gewaltpotentiale der nach dem Ende des Ersten Weltkriegs oft entwurzelten und sich haltlos fühlenden Freikorps-Männern illustrierte. Deren Phantasien waren stark sexualisiert und ordneten die Welt strikt nach Geschlechtern. Eine Heimat verhießen ihnen die anständigen, geradezu heiligen Frauen, während ›kommunistische Huren‹ und ›Spartakistenweiber‹ feindliche Wesen waren, denen rigoros Gewalt anzutun sei. Im Grunde – so der Autor – drückte sich in den zahllosen Pamphleten, Romanen und Aufzeichnungen vor allem der Wunsch aus, »Herrschaft über die weiblichen Anteile in sich selbst« zu gewinnen. Alles Weiche und Lebendige galt es zu eliminieren, um Kälte und Härte entwickeln zu können.[66]

Theweleit zitiert in seinen *Männerphantasien* immer wieder aus den Erinnerungen ehemaliger Freikorpssoldaten, in denen die Kampf- und Gewaltzeit mit ihren ›Sensationen‹ verklärt und das zivile Leben verunglimpft wurde. Ab den späten 1920er und verstärkt in den 1930er Jahren erschienen solche Memoiren und autofiktionalen Romane massenhaft. In einem hieß es etwa: »Die Sensationen sind tot! Das Schlimmste geschieht! Man verschachert uns offen und heimlich, – man verurteilt uns dazu, generationenlang eine Arbeitskolonie zu werden, – man stiehlt uns den Rest, – natürlich –, aber nichts geschieht. Die Sensationen sind tot! Die Zeit rollt, – doch die Funken fehlen!«[67] Trotz der holzschnittartigen Argumentation (Männer als Täter stehen Frauen als Phantasiegebilde und Opfer gegenüber) bieten die *Männerphantasien* nach wie vor hilfreiche Anregungen, um Gewalterfahrungen nicht als akut hereinbrechendes Unglück zu interpretieren, sondern in einen gesellschaftlichen und kulturellen Prozess einzuordnen.

Je länger der Krieg vorbei war, desto stärker wurde die Unmittelbarkeit körperlicher Gewaltausübung und Gewalterlebnisse in der Erinnerung zu ›eigentlichen‹ Erfahrungen verklärt. In dieser Atmosphäre wurden Kriegsversehrte zu Helden stilisiert, ohne dass man jedoch die grausame Wirklichkeit ihrer Erfahrungen und Wunden hätte sehen wollen. Wie sehr die verletzten männlichen Körper irritierten, zeigten insbesondere die Reaktionen auf antimilitaristische Veröffentlichungen. Als Ernst Friedrich 1924 seinen Bildband *Krieg dem Kriege* veröffentlichte, gab es einen Skandal. Denn Friedrich hatte die Bilder von Soldaten aus dem Weltkrieg in eindeutig pazifistischer Absicht zusammengestellt. Schonungslos zeigte er Kriegsverletzungen und nackte, zerschundene und zerstörte Männerkörper, die der Öffentlichkeit ein ums andere Mal die grauenhaften Wirkungen eines hochindustrialisierten Kriegs vor Augen führten.[68]

Ernst Friedrich war radikaler Pazifist, der für seine Aktionen oft vor Gericht stand und auf dessen Antimilitarismus die extreme Rechte mit Gewalt reagierte. Auch Erich Maria Remarques *Im Westen nichts Neues* von 1928 gehört zu den Klassikern der Antikriegsliteratur, weil er seine Protagonisten als leidende, innerlich zerrissene Soldaten zeichnet. Männlichkeit wurde darin nicht einfach gegen den Strich gelesen, sondern in ihrer ganzen vielfältigen Verletzlichkeit gezeigt. Umso mehr beschimpften extreme Rechte und die Nationalsozialisten den Autor Remarque als Vaterlandsverräter, verbrannten sie seine Bücher und ächteten ihn.

Wer offenkundige Gewalterfahrungen von Soldaten und ihre langandauernden äußeren wie inneren Verletzungen thematisierte, wurde nach dem Ersten Weltkrieg extrem angefeindet. Wenige Jahrzehnte später erlebten die aus dem Zweiten Weltkrieg heimkehrenden Soldaten vor allem Schweigen und eine in der deutschen Gesellschaft ausgeprägte Unbeholfenheit angesichts ihrer Leiden.[69] Für psychische Langzeitfolgen und ihre körperlichen Symptome kursierten verharmlosende Begriffe wie ›Kriegszitterer‹ oder ›Kriegsneurose‹, die einmal mehr die Krisenhaftigkeit von Männlichkeitsbildern nach dem Ende von Gewaltkonflikten zeigten. In den USA wiederholte sich dies einige Zeit später gegen Ende des Vietnamkrieges. Denn Veteranen des Vietnamkrieges mussten lange Zeit um staatliche Unterstützung ihrer medizinischen Nachsorge streiten, bevor die Posttraumatische Belastungsstörung (PTBS) in den psychiatrischen Diagnosekatalog aufgenommen wurde. Zwar war längst bekannt, dass Soldaten nach kriegsbedingten Ausnahme- und Gewaltsituationen unter langfristigen psychischen Folgeerscheinungen leiden können, aber das Phänomen wurde lediglich regelmäßig neu benannt und als pathologische Schwäche (der Männlichkeit) gedeutet. Erst als die langjährigen Erfahrungen aus der Arbeit mit Überlebenden der Shoah und ihrer Traumaverarbeitung einbezogen wurden, konnte die Einführung der PTBS-Kategorie die Bearbeitung von Traumaereignissen auch auf den zivilen Bereich ausweiten, womit einer allgemeinen Anerkennung der Weg geöffnet wurde.

Kehren wir noch einmal zurück ans Ende des Zweiten Weltkriegs in Europa. Hier endete der Krieg weder überall zur selben Zeit, noch endete mit dem Krieg auch die Gewalt. Im Gegenteil. Je nach Region, je nach Konfliktkonstellation und Machtverteilung während der Kriegszeit kam es in der Phase des Umbruchs zu unterschiedlich intensiven Gewaltakten. Sie waren oft Ausdruck von Vergeltung und dienten auf brachiale Weise der Wiederherstellung sozialer Ordnung oder auch ›nationaler Stärke‹. Solche Gewalt, die bestrafen und alle Gesellschaftsmitglieder wieder auf ihren ›rechtmäßigen‹ Platz verweisen sollte, war oft geschlechtsspezifisch ausgerichtet. Verbreitet war etwa die grobe und gezielt verletzende Rasur des Kopfhaars, ein entwürdigendes Ritual, dem vor allem Frauen in den vormals besetzten europäischen Ländern ausgesetzt waren. In Frankreich geschah dies im Rahmen der sogenannten *épurations sauvages* (›unkontrollierten Säuberungen‹), während denen über 15 000 Menschen getötet wurden, die tatsächlich oder angeblich mit dem nationalsozialistischen Besatzungsregime kollaboriert hatten.[70] Die ›Säuberungen‹ richteten sich zwar gegen sämtliche tatsächliche oder vermeintliche Kollaborateur*innen, aber öffentlich exerziert wurde die Gewalt vor allem an Frauen.[71]

Sind solche Gewalttaten in der Regel zeitlich begrenzt, dauern weniger offensichtliche Prozesse der Re-Justierung länger an. Mit ihnen ist häufig der Wunsch verbunden, zu einer ›Normalität‹ zurückzukehren, womit in der Regel die Durchsetzung traditioneller Werte und altbekannter Geschlechterordnungen gemeint ist. Alles Abweichende von dieser vermeintlichen ›Normalität‹ lässt sich dann als Ausdruck eines abnormen Anderen deuten. Nach diesem Muster distanzierte sich die westdeutsche Wiederaufbaugesellschaft vom Nationalsozialismus und sanktionierte sie soziales Fehlverhalten in der Gegenwart. Vor allem Jugendlichen und Frauen galt die besondere Aufmerksamkeit, sich wieder in die ›Normalität‹ einzufinden. Denn nach Kriegsende mussten sich viele Frauen als Selbstversorgerinnen durchschlagen und auch viele Jugendliche mussten ihre Familien im harten Überlebenskampf der Nachkriegszeit unterstützen. Um die gewünschte soziale Ordnung wieder herzustellen, herrschte in bundesrepublikanischen Schulen, Heimen, in der Polizeiarbeit oder Gesetzgebung ein Klima der Kontrolle und Reglementierung. Geahndet wurden nicht nur jugendliche Gewalttaten, sondern viele individuelle Verhaltensmuster, vom Musikhören bis zum Tragen bestimmter Kleidung. Besonders das strenge Heimwesen sollte Kinder und Jugendliche so umerziehen, dass von ihnen zukünftig kein gesellschaftsgefährdendes Verhalten zu erwarten war.

Der gewalthafte Umgang mit Kindern setzte sich in der gesamten Nachkriegsgesellschaft fort. So war, um nur ein Beispiel zu nennen, bis weit in die 1970er Jahre hinein ein Erziehungsratgeber von Johanna Haarer populär, der erstmals 1934 und in verschärfter Version 1938 erschienen war.[72] Unter dem Titel *Die deutsche Mutter und ihr erstes Kind* propagierte der Ratgeber Härte und Unnachgiebigkeit im Umgang mit Babys und Kleinkindern, also ein durchweg gewalthaftes Ideal ganz im Sinne des Nationalsozialismus. Der in der Sowjetischen Besatzungszone verbotene Ratgeber wurde in Westdeutschland wieder aufgelegt und bis 1987 nachgedruckt, vom NS-Jargon befreit, aber um keinen Deut weniger gewalthaft.

Analog dazu transportierten die Ideale von stabilen Familienverhältnissen und der sogenannten Hausfrauenehe »Vorstellungen einer lebensfähigen Zivilisation«[73], in der die ›normalen‹ Geschlechterverhältnisse wiederhergestellt worden waren.[74] Im Vergleich mit der DDR gab es in der Bundesrepublik einen rechtlich und politisch auffälligeren Trend zur Re-Feminisierung. Während die DDR-Verfassung die Gleichberechtigung der Geschlechter zumindest formulierte, legte die Bundesrepublik im Familienrecht und mit der sogenannten ›Hausfrauenehe‹ eine fortgesetzte Ungleichbehandlung fest. Schon zuvor hatte sich in Westdeutschland der Blick von Politik und Gesellschaft besorgt auf die Frauen gerichtet, die als besonders anfällig für Versuchungen jeder Art galten, kurz nach dem Krieg insbesondere durch Besatzungssoldaten. Die Zahl der ›Besatzungskinder‹ war schon vor dem Ende des Fraternisierungsverbots 1946 angestiegen, aber auch nach dessen Ende blieben viele junge Mütter unverheiratet und wurden als ›treulose Mädchen‹ diffamiert. Von mehrfacher Diskriminierung waren ihre Kinder betroffen, insbesondere jene mit afroamerikanischen Vätern.[75] Die Geschichte der sogenannten ›Mischlingskinder‹ zeigt in besonderer Weise, mit welchen Ein- und Ausschlüssen und auf wessen Kosten eine ›friedliche‹ Gesellschaft – nicht nur in der unmittelbaren Nachkriegszeit, sondern fortlaufend – hergestellt wird. Vor allem zeigt sie auch, wie langlebig Strukturen der Diskriminierung wirken und darüber bestimmen, welche Gewalterfahrungen anerkannt werden.

Die Rolle von Geschlecht in der Friedens- und Sicherheitspolitik

Als der Zweite Weltkrieg in Deutschland vorbei war, konnten nur wenige Personengruppen unbelastet pazifistische Forderungen stellen. Frauen gehörten dazu, denn ihre Rolle im Nationalsozialismus wurde lange Zeit nicht thematisiert, das Mütterlichkeitsideal jedoch ungebrochen hochgehalten. Die Idealisierung einer ›weiblichen Schaffenskraft‹ speiste sowohl die Trümmerfrau-Romantik als auch das Konzept der Hausfrauenehe. Und sie stand offenkundig in keinem Widerspruch zu den vielen Ungleichbehandlungen, die Frauen zur gleichen Zeit erfuhren. Wie schon bei der in der Antike üblichen Gegenüberstellung von Eirene als holde Friedlichkeit und Hera als rachsüchtiges Weib wird Weiblichkeit immer in eine angemessene und eine unangemessene Erscheinungsform unterteilt. Auch in der westdeutschen Nachkriegsgesellschaft gab es zwei komplementäre Frauentypen: das gefallene Mädchen und die rettende Mutter.

Essentialistische Weiblichkeitsvorstellungen und ein überhöhtes Mütterlichkeitsideal kursierten auch im Pazifismus der deutschen Nachkriegszeit. Frauen – so die Kurzform – sei das ›Wesen‹ des Kriegs fremd.[76] Wenn pazifistische Frauenorganisationen gegenüber Besatzungsbehörden oder in der kulturellen und politischen Bildung diese Vorstellungen vertraten, konnten solche Weiblichkeitsvorstellungen kurzfristig auch Leerstellen ausfüllen. Denn der hypertrophe Männlichkeitskult des Nationalsozialismus hatte in der westdeutschen Gesellschaft zumindest vorübergehend dazu geführt, Männern nicht mehr allzu enthusiastisch zuzujubeln. Die Berufsorganisation der Hausfrauen in München verkündete 1947 selbstbewusst: »Überall ertönt der Ruf nach den Frauen: sie sollen nach dem Zusammenbruch einer einseitig männlich bestimmten Epoche das Heilende, Befriedende in die Welt bringen.«[77] Die Popularität hielt freilich nicht lange an, denn spätestens nach der politischen und gesellschaftlichen Konsolidierung der Bundesrepublik hatten es Frauen- und andere Friedensorganisationen wieder schwer, öffentlich Gehör zu finden.

Haben es pazifistische Aktivistinnen der Nachkriegszeit geschafft, in Erinnerung zu bleiben? Wer kennt etwa die Physikerin und Patentanwältin Freda Wuesthoff, auf deren Initiative 1946 der ›Stuttgarter Friedenskreis‹ entstand und deren Arbeit den vor allem anti-atomaren Nachkriegspazifismus intensiv prägte? Und gibt es neben Joan Baez eine weitere Frau, die sich in die Geschichte der Anti-Vietnamkriegs-Proteste einschreiben konnte? Welche Frauen der 1980er-Jahre-Friedensbewegung außer Petra Kelly sind heute noch bekannt? Die Grünen-Politikerin Petra Kelly, die sich in ihrer Partei und in der Friedensbewegung bis aufs äußerste engagierte, wird heute von ihrer Partei geradezu ikonenhaft verehrt. Aber in den 1980er Jahren, als die Grünen frisch im deutschen Bundestag saßen, während die Menschenketten und Geländeblockaden der anti-atomaren Friedensproteste die Schlagzeilen beherrschten, wurde Kelly nicht selten verspottet und – heute würde man wohl sagen – für nicht ganz voll genommen. Zu engagiert und zu gefühlig seien ihre Auftritte. Ziemlich offensichtlich wurde Kellys Aktivismus geschlechtsspezifisch gedeutet, zu einer Zeit, als Frauen als eigenständige Polit-Aktivistinnen noch kaum eine Chance hatten, sondern vor allem auf ihre

Rolle als ›Mütter für den Frieden‹ reduziert wurden. Letztere gab es tatsächlich, aber nicht ausschließlich.

So ist auch die insgesamt sehr heterogene Frauenfriedensbewegung völlig in Vergessenheit geraten, die sich in den 1980er Jahren in West- wie Ostdeutschland (!) und vielen anderen europäischen Ländern zusammenfand. Ihre Aktivistinnen wollten nicht nur den Friedensbegriff immer wieder neu mit den männlichen Aktivisten der Friedensbewegung diskutieren, sondern auch die Frage der Geschlechterordnung. Es verwundert kaum, dass die Aktivistinnen mit unverblümt geschlechtsdiskriminierenden Anfeindungen zu tun hatten. Eine von ihnen fasste 1981 zusammen: »Emanzen, Frustrierte, naive Schwärmerinnen, Friedensengel, verkappte Kommunistinnen, hysterische Weiber – das sind so einige der Ein- und Vorstellungen, auf die wir in den letzten Monaten gestoßen sind. Unruhestifterinnen.«[78]

Wie sieht es generell mit Frauen in prominenten oder international einflussreichen Positionen der Friedens- und Sicherheitspolitik aus? Ziehen wir dafür noch einmal den Friedensnobelpreis heran, die wichtigste internationale Auszeichnung in diesem Bereich. Bislang haben gerade mal 18 Frauen den Preis auf der Osloer Bühne entgegengenommen, so sie denn anreisen konnten. 1905 bekam ihn Bertha von Suttner als erste Frau verliehen. Neben der Veröffentlichung ihres erfolgreichen Romans *Die Waffen nieder!* hatte sie unter anderem die Deutsche Friedensgesellschaft mitgegründet und 1899 die erste Haager Friedenskonferenz organisiert. Eine vergleichbar prominente und erfolgreiche Friedensaktivistin würde erst viele Jahre später wieder auf der Bühne stehen. 1931 war das Jane Addams, Präsidentin der Women's International League for Peace and Freedom sowie 1946 ihre Nachfolgerin Emily Green Balch.

Dreißig Jahre später bekamen die Gründerinnen der Northern Ireland Peace Movement, (später umbenannt in Community of Peace People), Betty Williams und Mairead Corrigan, den Friedensnobelpreis. Von nun an verringerten sich die Abstände zwischen den weiblichen Preisträgerinnen. 1979 bekam ihn Mutter Teresa, Gründerin des Ordens ›Missionarinnen der Nächstenliebe‹, und drei Jahre später Alva Myrdal, Diplomatin und Delegierte der UN-Abrüstungskonferenzen. In den 1990er Jahren wurde verstärkt Menschenrechtsaktivismus als friedensfördernd honoriert, zunächst 1991 mit Aung San Suu Kyi aus Myanmar und 1992 Rigoberta Menchú aus Guatemala. Jody Williams teilte sich 1997 den Preis mit der Internationalen Kampagne für das Verbot von Landminen, und 2001 teilten sich den Preis Ellen Johnson Sirleaf, Leymah Gbowee und Tawakkol Karman aus Liberia und Jemen. 2003 bekam Shirin Ebadi den Preis als Aktivistin für Demokratie und Menschenrechte in Iran, 2004 folgte Wangari Maathai aus Kenia. Zehn Jahre später betrat Malala Yousafzai aus Pakistan als jüngste Preisträgerin die Bühne in Oslo. Sie setzte sich gegen die Unterdrückung von Kindern und Jugendlichen und für das Recht aller Kinder auf Bildung ein. 2018 folgte die schon vorgestellte Nadia Murad und 2021 die Journalistin Maria Ressa.

Diese Namen ohne Auslassung zu nennen ist eine geschlechterpolitische Notwendigkeit. Denn – Hand aufs Herz und abgesehen von zwei oder drei Ausnahmen – wie viele von diesen Frauen kannten Sie? Keine Sorge, es liegt nicht allein an Ihnen, sondern zu einem Gutteil an einer

Öffentlichkeit, in der es Frauen als hochdekorierte Friedenspreisträgerinnen auf internationalem Parkett schwer haben. Insbesondere im Feld der Rüstungskontrolle und Abrüstungsverhandlungen bilden Frauen eine klare Minderheit.[79] Anders als die männlichen Preisträger Kofi Annan, Barack Obama oder Henry Kissinger haben weibliche Friedensnobelpreisträgerinnen nur geringe öffentliche Reichweite. Und im Vergleich zu diesen sind die Preisträgerinnen überwiegend entweder als Organisationsvorsitzende prämiert worden oder für ihren Menschenrechtsaktivismus, der in der Regel als Ausdruck persönlicher Betroffenheit gilt.

Die Idee vom ›weiblichen Frieden‹ ist also nicht nur ein harmloser Mythos, sondern verschleiert die tatsächlichen Machtverhältnisse. Denn die wenigen weiblichen Preisträgerinnen verweisen auf ein strukturelles Problem in der Friedensarbeit und Sicherheitspolitik. Geschlechtergerechte Strukturen und Instrumente zu implementieren, damit Frauen und sexuelle Minderheiten gleichberechtigt an Friedensprozessen und der Friedenspolitik teilhaben, ist mühsam, langwierig und mit vielen Widerständen verbunden. Das zeigt sich auf verschiedenen Ebenen der internationalen Friedens- und Sicherheitspolitik.

Die Herausforderungen beginnen schon im Moment der Gewaltbeendigung, wenn sich humanitäre Organisationen engagieren, aber durchaus auch geprägt sind durch Gewalt- und Geschlechterstereotype, die zuvor im Krieg produziert wurden. So wirken geschlechtsspezifische Zuweisungen der Kriegszeit nachweislich auch bei humanitären Versorgungsaktionen, wenn männliche Opfer es schwer haben, als solche gesehen zu werden und die Kategorie ›*vulnerable group*‹ vorrangig weiblich gedeutet wird. Auch die Finanzierung humanitärer Hilfe funktioniert entlang des Täter/Opfer-Gegensatzes, so dass die auf den ersten Blick genderneutrale Zuschreibung der ›unschuldigen Zivilisten‹ in der Regel nur auf Frauen und Kinder bezogen wird.[80]

Der Gender Bias setzt sich schließlich unter umgekehrten Vorzeichen im Umgang mit Geflüchteten fort. Denn hier wurden Frauen lange Zeit kaum als eigene Gruppe wahrgenommen. Im Nachhall des 1975 von der UN ausgerufenen ›Internationalen Jahrs der Frau‹ und der anschließenden ›Frauendekade‹ legten Flüchtlingskonventionen erst ab den 1980er Jahren besonderes Augenmerk auf die Situation von Frauen und ihre ›Verwundbarkeit‹ auf der Flucht.[81] Bis dahin galt ›der Flüchtling‹ aus dem Globalen Süden als eine irgendwie amorphe, geschlechtslose oder männliche Figur, die in homogenen Gruppen auftaucht. Unterschiedliche Fluchtursachen und -bedingungen für Frauen und Männer wurden erst nach und nach in der vom Globalen Norden dominierten UN und ihren Mitgliedsländern thematisiert. In den 1990er Jahren etablierten sich endlich besondere Verfolgungsgründe von Frauen – neben sexualisierter Gewalt auch weitere genderspezifische Gründe – in der internationalen Geflüchteten- und Asylpolitik. Bis dahin hatte sich der humanitäre Flüchtlingsschutz an der traditionellen Unterscheidung zwischen einer öffentlichen, männlich dominierten und der privaten, weiblich dominierten Sphäre orientiert und damit Frauen auf doppelte Weise marginalisiert. Denn diese wurden weder als politische Akteurinnen wahrgenommen, noch wurden Fluchtgründe anerkannt, die insbesondere Frauen betreffen, wie zum Beispiel häusliche Gewalt.[82]

Erst 2005 wurde der Umstand einer genderspezifischen, nichtstaatlichen Verfolgung ins deutsche Zuwanderungsgesetz aufgenommen, jedoch mangelt es immer noch an einer europäisch einheitlichen gendersensiblen Auslegung der Flüchtlingskategorie. Unbeachtet bleibt zudem das hohe Risiko für Frauen wie Männer, während der Flucht geschlechtsspezifische Gewalt zu erfahren, auch und gerade in den notorisch überfüllten ›Flüchtlingslagern‹, in denen sie (wie man sich in Europa einredet) angeblich in Sicherheit sind. Gleichzeitig wiederum behandelt das Flüchtlingsrecht geflüchtete ›Frauen‹ und ›Männer‹ auf übersteigerte und essentialisierende Weise, indem ihnen homogene Erfahrungen, Interessen und Bedürfnisse unterstellt wird. Nicht selten müssen Frauen, um in Asylverfahren Glaubhaftigkeit zu erlangen, »kulturellen Stereotypen entsprechen, so dass individuelle Repräsentationen eigener Erfahrungen im nach wie vor männlich dominierten Asylrechtsdiskurs kaum Berücksichtigung finden«.[83]

In Ländern und Regionen, die einen Gewaltkonflikt hinter sich haben, soll vor allem die *›transitional justice‹* für Ausgleich sorgen. Seit den späten 1980er und frühen 1990er Jahren ist mit ihr die Hoffnung verbunden, durch einen rechtlichen Prozess Nachkriegs- bzw. Nachgewaltgesellschaften in die Lage zu versetzen, die massiven Menschenrechtsverletzungen auf verschiedenen Ebenen aufzuarbeiten. Mit der *transitional justice* sollen sich vor allem auch die Sichtverhältnisse auf Täter*innen und Opfer verändern und der Gewalterfahrung von Opfern zu mehr Geltung verhelfen.

Dies geschah vor allem im Anschluss an die Etablierung der Ad-hoc-Tribunale für das ehemalige Jugoslawien (1993) und für Ruanda (1994), als im internationalen Strafrecht die Rechte von Opfern gestärkt wurden. Die auf internationaler Ebene bei der UN verankerte und durch zahlreiche NGOs unterstützte *transitional justice* wird auch ›Vergangenheitsarbeit‹ genannt und geht weit über die internationale Strafjustiz und Ahndung von Gewalt hinaus, da sie beansprucht, die Gesellschaft und damit die Geschlechterordnung zu verändern.

Die Ansprüche der *transitional justice* suggerieren mitunter einen herstellbaren geschlechterpolitischen Idealzustand, der sich aber in Wahrheit nur mit Mühen und mitunter gar nicht einstellt. Studien zeigen, dass die Inklusion von geschlechtsspezifischer und sexualisierter Gewalt in Verfahren von Strafgerichtshöfen und Wahrheitskommissionen prinzipiell eine Errungenschaft ist. Gleichzeitig droht dadurch jedoch auch eine einseitige Wahrnehmung von Frauen, die auf bestimmte Weiblichkeitsstereotype von Friedlichkeit reduziert und als Opfer stigmatisiert statt als politisch Handelnde oder Kämpfende wahrgenommen werden. Zudem nimmt die öffentliche Rezeption fast ausschließlich sexualisierte Verbrechen gegen Frauen wahr, die ausschließlich von Kombattanten begangen wurden, so dass strukturelle Gewaltdimensionen ausgeblendet bleiben. Es ist wichtig und unumgehbar, weibliche Gewaltopfer im Prozess der Vergangenheitsarbeit sicht- und hörbar zu machen. Aber es muss differenziert zugehört und berichtet werden, damit kein einseitiges und wieder einmal essentialisiertes Bild entsteht.[84]

Das Ungleichgewicht der *transitional justice* ist Teil eines Gender Bias in der gesamten Friedens- und Sicherheitspolitik, in der Frauen nach wie vor und sexuelle Minderheiten ohnehin eindeutig zu wenig Einfluss haben. Deshalb braucht es offenkundig besondere Maßnahmen, um diesen Personengruppen, im Vergleich zur überproportional repräsentierten Gruppe der cis Männer, zur Durchsetzung ihres Menschenrechts zu verhelfen. 2008 verabschiedete die UN die ziemlich allgemein und knapp verfasste Resolution 2435, die alle Mitgliedsstaaten zur Einhaltung der Menschenrechte aufforderte, ungeachtet sexueller Orientierung und Geschlechtsidentität.

Sehr viel konkreter und umfangreicher fällt das seit den frühen 2000er Jahren aufgestellte UN-Programm »Women, Peace, Security« (WPS) aus. Es beruht im Kern auf der UN-Resolution 1325 aus dem Jahr 2000, die dazu aufruft, Frauen besser vor Kriegsgewalt zu schützen und sie gleichzeitig systematisch in Friedensprozesse zu integrieren. Hintergrund ist die Idee, Konfliktdeeskalation und Konflikttransformation verstärkt durch lokale Akteur*innen, insbesondere Frauen, zu stärken. Für diese international bahnbrechende Resolution haben NGOs und Frauenrechtler*innen viele Jahre gekämpft.[85] Es folgten weitere Erklärungen, die insgesamt die Grundlage der WPS-Agenda der UN bilden.

Die WPS-Agenda muss jedoch bis in die Gegenwart um Anerkennung kämpfen. Fatalerweise liegt der Resolution auch ein Gender Bias zugrunde, denn sie befördert Wahrnehmungstendenzen, Frauen eine bestimmte Rolle aufgrund ihrer Eigenschaften als Frau zuzuweisen – und nicht, weil es rechtlich und machtpolitisch geboten ist. So unterstreicht der Resolutionstext zwar die »wichtige Rolle von Frauen bei der Verhütung und Beilegung von Konflikten und bei der Friedenskonsolidierung« und nennt anschließend zahlreiche praktische Maßnahmen und Einrichtungen, in denen die Teilhabe von Frauen erhöht werden müsse. Dazu zählen etwa die Aufstellung von Friedenstruppen (*peace-keeping*) unter gendersensiblen Gesichtspunkten oder die aktive staatliche Mitarbeit bei der Strafverfolgung von geschlechtsspezifischer Gewalt in bewaffneten Konflikten.[86] Nicht selten wird aber argumentiert, Frauen seien zu beteiligen, weil sie konfliktdeeskalierend veranlagt seien. Damit wird die Beteiligung nicht mehr machtpolitisch, sondern essentialistisch verkürzt begründet.

Im Kern unterscheidet sich das aus der Resolution 1325 abgeleitete Frauenbild nur wenig davon, wie die ›Mütter für den Frieden‹ oder pazifistische Frauenorganisationen in der frühen Bundesrepublik wahrgenommen wurden. So richtig es ist, dass die paritätische Beteiligung von Frauen an Machtpositionen und politischen Entscheidungsprozessen das politische Klima verändert, so wenig ist dies aus einer natürlichen Veranlagung von Frauen abzuleiten. Vielmehr kann (!) sich in paritätisch besetzten Institutionen die soziale Rollenprägung von Frauen positiv auswirken, die sie als Teil einer strukturell benachteiligten Gruppe entwickelt haben.

Die Resolution 1325 hat zwei weitere Schwächen. Zum einen integrieren ihre Vorgaben den männlichen Teil der betroffenen Konfliktgesellschaft kaum[87] und zum zweiten bleibt die genaue Umsetzung eines gleichstellungspolitischen Programms unklar: Wird Frauen ein Zugang zu machtpolitischen Positionen innerhalb des Friedensprozesses verbindlich zugesichert?[88] Welche Sanktionen drohen bei Nichteinhaltung? Ohne ein machtvolles Setting, in dem die Resolution umgesetzt wird, kann sie kaum eine

Wirkung entfalten. Es steht zu befürchten, dass die Rolle von Frauen, wenn überhaupt, auf einen helfenden Part beschränkt bleibt, in dem Soft Skills und Empathie gefragt sind. Dass in der gesamten Geschichte der internationalen Gleichstellungspolitik nur sehr selten Privilegien freiwillig abgegeben werden, unterstreichen die Zahlen. So erwähnen von den »1168 Friedensabkommen, die zwischen 1990 und 2014 weltweit unterzeichnet wurden, im Durchschnitt nur 18 Prozent Frauen oder geschlechtsspezifische Belange«. Zwar nehmen solche Erwähnungen insgesamt zu, aber weiterhin sind Frauen in Friedensprozessen nur marginal beteiligt: »Von den 31 größeren Friedensprozessen zwischen 1992 und 2011 waren nur zwei Prozent der Konfliktvermittler und neun Prozent der Beteiligten weiblich.«[89] Auch das Friedensgutachten von 2022 bilanziert ernüchternd, die umfassende Umsetzung der WPS-Agenda scheitere an mangelnden Ressourcen, fehlenden ressortübergreifenden Abstimmungen oder Überprüfungen in Verbindung mit tief verankerten gesellschaftlichen Rollenbildern, wie ›militarisierte Männlichkeit‹, und rassifizierte Narrative über Staaten und ›andere‹ Gesellschaften.[90] Zudem grassieren patriarchale Stereotypen nicht nur bei den lokalen Konfliktparteien sondern auch auf westlicher Seite bei den Geberstaaten oder in den Reihen militärischer Einsatzkräfte, die eine Umsetzung der WPS-Agenda blockieren.[91]

In der genderorientierten Friedensförderung ist dies alles bekannt und sie fordert deshalb vor allem den Globalen Norden dazu auf, sich endlich für eine wirksame Umsetzung der WPS einzusetzen. Erstens sollen Kriegserfahrungen und Schutzbedürfnisse von Menschen unterschiedlichen Geschlechts, unterschiedlicher Herkunft und ökonomischer Lage berücksichtigt werden, zweitens müssen die geschlechtergerechte Verteilung von Gütern und politische Mitbestimmung gewährleistet sowie Strukturen abgebaut werden, die Menschen zur Kriegsteilnahme bewegen oder zwingen und drittens müssen Geschlechterbilder problematisiert und verändert werden, die Gewalt legitimieren, und Feindbilder, die sich oft auf geschlechtliche Vorstellungen stützen.[92] Auch an die Forschung richten sich Forderungen. Sie soll zwar vor allem Untersuchungen vorlegen, die solche Prozesse versachlichen und mit Wissen unterfüttern. Aber sie muss auch die Art und Weise, wie Gesellschaften über Gewalterfahrung reden und sie deuten, welche geschlechtsspezifischen Muster von Gewalt sie anerkennen und welche nicht, reflektieren und öffentlich diskutieren.

Anerkannte Normalität? Die fortgesetzte Geschlechterordnung von Gewalterfahrung

Was haben das nunmehr fast 80 Jahre zurückliegende Ende des Zweiten Weltkriegs und des Holocausts sowie die deutsche Nachkriegszeit mit der gegenwärtigen Friedens- und Sicherheitspolitik zu tun? So grundlegend verschieden die politischen Konstellationen national wie international sind, gibt es doch frappierende Ähnlichkeiten zwischen sämtlichen Nachkriegsgesellschaften. Denn das Geschlecht war und ist von entscheidender Bedeutung, wie Gewalt erfahren und ob und wie Gewalterfahrung anerkannt wird. Nicht nur im Krieg und auf der Flucht, sondern auch in Zeiten des Übergangs von Gewalt- in Nicht-Gewalt-Situationen geraten traditionelle Geschlechterordnungen regelmäßig unter Druck. Das zeigte sich in der deutschen Nachkriegszeit genauso, wie es in jeder Post-Konflikt-Region zu beobachten ist, in der die WPS-Agenda implementiert werden soll. Solche Übergangszeiten bieten die Chance für progressive Neujustierungen der Geschlechterordnung, werden aber in der Regel auch durch starke Widerstände, Re-Justierungen und Backlashs vonseiten der bislang Privilegierten geprägt.[93]

Wenn nach dem Ende von Krieg und Gewalt das gesellschaftliche Bedürfnis nach Orientierung und Wiederherstellung tradierter Geschlechternormen vorherrscht, äußert es sich nicht selten in spontaner Gewalt, in Diskussionen um Erziehung und in rechtlichen Normsetzungen über das angemessene Maß an ›notwendiger‹ oder legitimer Gewalt. Die Versuche, geschlechtliche Eindeutigkeit (wieder)herzustellen stehen in einem engen Verhältnis zur Geschlechter- und Gewaltordnung des vorhergehenden Kriegs. Wie stark die Kontinuitäten in die Nachkriegszeiten hinein wirken, zeigt sich meiner Meinung daran, dass wir trotz aller Empörung geschlechtsspezifische Gewalt und ihre Rollenverteilung als Normalität des menschlichen Zusammenlebens hinzunehmen scheinen.

Am Beispiel der jungen Bundesrepublik lässt sich gut erkennen, wie im Schatten des Krieges die Gewaltfrage und damit auch die Geschlechterordnung diskutiert wurde und wie sehr diese Diskussion noch unsere Gegenwart prägt. Soll es eine Todesstrafe geben? Dürfen Kinder geschlagen werden? Ist Vergewaltigung in der Ehe erlaubt? Keine dieser drei Fragen wurde zu Beginn der Bundesrepublik mit ›Nein‹ beantwortet. Von der Abschaffung der Prügelstrafe in Schulen Anfang der 1970er Jahre bis zum Gesetz, demzufolge Kinder ein Recht auf eine gewaltfreie Erziehung haben, das im Juli 2000 in Kraft trat, war es ein weiter Weg.[94] Erst wenige Jahre zuvor hatte der Bundestag nach heftigen Debatten dafür gestimmt, die Vergewaltigung in der Ehe unter Strafe zu stellen. Die Vorgeschichte des 1997 verabschiedeten Gesetzes reicht ebenfalls bis weit in die 1970er Jahre und zum Engagement der Frauenbewegung zurück.[95] Die aktuell hohen Zahlen von häuslicher und queerfeindlicher Gewalt unterstreichen, dass auch in stabilen Demokratien nicht zwangsläufig von einer fortgesetzten Liberalisierung der Geschlechterordnung die Rede sein kann.

Wird in Demokratien darüber debattiert, welche Gewalt tolerierbar ist oder sanktioniert werden muss, um das friedliche Zusammenleben zu gewährleisten, geht es um Zugriffsrechte bestimmter sozialer Gruppen und damit auch um Machtfragen, die – wie das letzte Beispiel unterstreicht – immer mit geschlechtsspezifischen Zuweisungen verbunden sind. Das Verbot der Vergewaltigung in der Ehe war eine konfliktreich hergestellte Sanktion privater Gewalt. Daneben gibt es etliche stillschweigende gesellschaftliche Zusammenhänge und Strukturen, in denen sich der prekäre Charakter eines ›sozialen Friedens‹ zeigt. Dazu zählt geschlechtsspezifische, rassistische, klassistische oder ableistische Gewalt, die physisch oder strukturell ausgeübt wird – sei es in nicht einsehbaren oder in öffentlich zugänglichen Räumen.[96] Ein derart erweiterter Gewaltbegriff ist nicht unproblematisch, aber ermöglicht es, die Maßstäbe eines (tatsächlichen sozialen) Friedens zu diskutieren. Denn kein Friede ist universell oder uneingeschränkt gültig, sondern wird individuell unterschiedlich erfahren.

Wie ungerecht die Mitsprache am Frieden verteilt ist, zeigt schließlich die nach wie vor wirksame genderspezifische Unterscheidung zwischen öffentlichem und privatem Raum, an der sich lange Zeit auch die Sammlungspolitik vieler Archive orientierte. So stößt historische Forschung häufig auf ein Quellen- und Überlieferungsproblem, wenn sie Gewalterfahrungen untersuchen will. Zu den Personen, deren Stimmen kaum überliefert sind, zählen zum Beispiel Haushaltsmitglieder, die mehrfacher Diskriminierung ausgesetzt sind, weil sie weiblich, gehandicapt oder älter sind. Womöglich rücken manche Erlebnisse, die migrierte Personen – Frauen und/oder queere Menschen – auf der Flucht und in Migrationsgesellschaften machen, erst mit den jüngsten Fluchtbewegungen nach Europa als spezifische Formen von Gewalt in den Blick der politischen Diskussion und historischen Forschung.[97] Und damit verweise ich noch einmal auf die Geschichte von Nadia Murad, die 2018 den Friedensnobelpreis erhielt und der es gelungen ist, die gängigen bipolaren Geschlechterverhältnisse zu unterlaufen. Sie trat aktivistisch aus der Opferrolle heraus, die vor allem in westlichen Medien durch die Hyper-Visibilität weiblicher malträtierter und sexualisierter Körper festgeschrieben war. Und sie unterlief gängige Geschlechterverhältnisse in der Friedensdiplomatie, die nach wie vor von Personen mit einer bestimmten Reputation, einem bestimmten Alter und Geschlecht bestimmt wird.

Auch wenn Gewalterfahrungen im Krieg ebenso divers sind wie das Leben in befriedeten Räumen, setzt sich der simple Code ›Männlicher Krieg, weiblicher Frieden‹ ungebrochen fort. Denn die eingangs erläuterte Ambivalenz von Geschlecht und Gewalt prägt nicht nur Krieg und Frieden, sondern unseren Alltag in jeder Facette. Wir erleben weiterhin zugespitzte geschlechtsspezifische Deutungen von Gewalt bei gleichzeitig fortgesetzter Ausblendung der tatsächlichen geschlechtsspezifischen Machtverhältnisse, die Gewalt gegen Frauen, Männer oder queere Personen begünstigen. Dazu zählen ökonomische Ungleichheiten, Klimafolgen, Fluchtbedingungen, alltägliche Stereotypisierungen, Feindbilder, Verharmlosungen und vieles mehr. Die Tatsache anzuerkennen, dass Gewalt und Gewalterfahrungen auch in ›zivilisierten‹ Demokratien Alltagserscheinung sind und eine starke Gender-Komponente haben, wäre ein erster Schritt. In einem zweiten Schritt müsste reflektiert werden, welche Geschichte die gegenwärtige Geschlechterordnung von Gewalt hat. Dann ließe sich diskutieren, was genau wir (hier in Deutschland und anderswo) unter Gewalt verstehen: Welche Formen und welches Maß an Gewalterfahrung, Gewalt oder Ungerechtigkeit gelten als legitim oder illegitim? Wem hören wir zu – hier in Deutschland oder woanders –, wenn von Gewalterfahrung berichtet wird? Wer dies nicht fragt und wer sich nicht wundert, wie hartnäckig und langfristig die Geschlechterordnungen von Gewalterfahrungen wirken, wird sie nicht verändern können.

Anmerkungen

1 Reinhart Koselleck, *Geronnene Lava. Texte zu politischem Totenkult und Erinnerung*, Berlin 2023, S. 363.

2 Marguérite Bos / Bettina Vincenz / Tanja Wirz, *Erfahrung:* »Alles nur Diskurs? Auseinandersetzung mit einer Debatte um einen vielschichtigen Begriff«, in: *Erfahrung: Alles nur Diskurs? Zur Verwendung des Erfahrungsbegriffs in der Geschlechtergeschichte*, Beiträge zur 11. Schweizerischen HistorikerInnentagung, Zürich 2004, S. 9–21, hier 18.

3 Jan Hansen / Daniel Gerster / Susanne Schregel (Hrsg.), *Historische Friedens- und Konfliktforschung. Die Quadratur des Kreises?* Frankfurt a. M. / New York 2023, S. 35.

4 Jana Günther / Eva Maria Hinterhuber / Antonia Schmid, »Sicherheit, Militär und Geschlecht«, in: *femina politica* 1 (2020), S. 9–22, hier 12.

5 Kirsten Heinsohn / Claudia Kemper, »Geschlechtergeschichte«, Version: 1.0, in: Docupedia-Zeitgeschichte, http://docupedia.de/zg/heinsohn_kemper_geschlechtergeschichte_v1_de_2012, 4.12.2012, letzter Zugriff: 16.8.2023.

6 Grundlagenwerke sind Joan W. Scott, »Gender. A Useful Category of Historical Analyses«, in: *The American Historical Review* 91 (1986), S. 1053–1975. Maßgebliche Beiträge zur Intersektionalität kamen von der Juristin Kimberlé Crenshaw, »Mapping the Margins. Intersectionality, Identity Politics and Violence Against Women of Colour«, in: Stanford Law Review, 43,6 (1991), S. 1241–1299. Aus poststrukturalistischer Theorietradition kamen einflussreiche Beiträge der Philosophin Judith Butler, u. a. *Gender Trouble* von 1990 (dt. *Das Unbehagen der Geschlechter*, Frankfurt a. M. 1991).

7 Hans-Martin Kaulbach, »Friede als Thema der bildenden Kunst – ein Überblick«, in: PAX. *Beiträge zu Idee und Darstellung des Friedens*, hrsg. von Wolfgang Augustyn, München 2003, S. 161–242, hier 161.

8 Ebd.

9 Kaulbach, »Friede«, S. 178

10 Rijksmuseum Amsterdam, Gerard ter Borch. https://www.rijksmuseum.nl/en/rijksstudio/artists/gerard-ter-borch/objects#/SK-C-1683,0, letzter Zugriff: 17. 8. 2023.

11 Kaulbach, »Friede«, S. 203.

12 Zu den bildlichen Überlieferungen vgl. auch Thomas Kater, »Über Gewalt und Frieden. Bilder des Politischen«, in: Perspektiven der historischen Friedensforschung, hrsg. von Benjamin Ziemann, Essen 2002, S. 57–85.

13 Raphaëlle Branche, »Vergewaltigung: eine Kriegswaffe?«, in: *Eine Geschichte des Krieges. Vom 19. Jahrhundert bis in die Gegenwart*, hrsg. von Bruno Cabanes u. a., Bonn 2021, S. 684–700, hier 688.

14 Gayatri Chakravorty Spivak, »Can the Subaltern Speak«, in: *Colonial Discourse and Post-Colonial Theory: A Reader*, hrsg. von Patrick Williams und Laura Chrisman, London 1994, S. 93.

15 Lisa Fuchte, »Damit Sonnenblumen wachsen, wenn ihr hier begraben liegt … Der russische Angriffskrieg auf die Ukraine aus geschlechtergeschichtlicher Perspektive«, 28. 4. 2022, https://zeitgeschichte-online.de/themen/damit-sonnenblumen-wachsen-wenn-ihr-hier-begraben-liegt, letzter Zugriff: 16. 8. 2023.

16 John Tosh, »Hegemonic Masculinity and the History of Gender«, in: Masculinities in Politics and War: Gendering Modern History, hrsg. von Stefan Dudink [u. a.], Manchester [u. a.] 2004, S. 41–58, hier 46.

17 Der Begriff ›queer‹ wurde ursprünglich zur Abwertung von homosexuellen und trans Menschen verwendet und von der LGBTQIA+-Community, ähnlich wie ›schwul‹ oder ›dyke‹, spätestens in den 1990er Jahren als eine emanzipatorische Selbstbezeichnung angeeignet. Queere Theorie und Politik entstanden in den 1970er Jahren aus Erfahrungen von Menschen, die sich mehrfach marginalisiert und von einer weißen, mittelständischen und bürgerrechtlich orientierten Homosexuellenbewegung nicht repräsentiert sahen.

18 Vgl. u. a. »Von der IS-Sklavin zur UN-Sonderbotschafterin«, Tagesschau (17. 9. 2016), https://www.tagesschau.de/ausland/jesidin-sonderbotschafterin-un-101.html, letzter Zugriff: 17. 8. 2023.

19 Nadia Murad teilte sich den Preis mit dem Arzt Dennis Muk-

wege, dessen Klinik im Kongo auf die Behandlung und Betreuung von Opfern von sexueller Gewalt spezialisiert ist. Vgl. die Angaben des Nobelpreiskomitees »All Nobel Peace Prices«, https://www.nobelprize.org/prizes/lists/all-nobel-peace-prizes/, letzter Zugriff: 17. 8. 2023.

20 Vgl. u. a. »Schicksal Hunderter Jesiden ungewiss«, in: *Der Spiegel* (3. 5. 2015), https://www.spiegel.de/politik/ausland/islamischer-staat-is-schicksal-hunderter-jesiden-ungewiss-a-1031804.html, letzter Zugriff: 17. 8. 2023; »Sexsklavinnen des IS / Das Schicksal der Jesidinnen«, Deutschlandfunk (4. 8. 2016), https://www.deutschlandfunk.de/sexsklavinnen-des-is-das-schicksal-der-jesidinnen-100.html, letzter Zugriff: 17. 8. 2023.

21 Veronica Buffon / Christine Allison, »The Gendering of Victimhood. Western Media and the Sinjar Genocide«, in: *Kurdish Studies* Vol. 4 (2016) H. 2, Special Issue *Yezidism and Yezidi Studies in 21st century*, S. 176–196, hier 177. (Online: https://kurdishstudies.net/issue-view/?id=12, letzter Zugriff: 16. 8. 2023.) Den Begriff ›Hyper-Visibilität‹ entlehnen sie Jean Baudrillard, *The Intelligence of Evil or the Lucidity Pact*, London 2013.

22 Susan Sontag, *Das Leiden anderer betrachten*, München 2003.

23 Vgl. das Themenheft *Kulturalisierung und Geschlecht* der *Freiburger Zeitschrift für GeschlechterStudien* 23, 2 (2017). (online: https://shop.budrich.de/wp-content/uploads/2020/04/0948-9975-2017-2.pdf, letzter Zugriff: 16. 8. 2023.)

24 Dies auch im Sinne von Judith Butler, Raster des Krieges. Warum wir nicht jedes Leid beklagen, Frankfurt a. M. 2010.

25 Vgl. Karen Hagemann, »›Heroic Virgins‹ and ›Bellicose Amazons‹: Armed Women, the Gender Order and the German Public during and after the Anti-Napoleonic Wars«, in: *European History Quarterly*, 37, 4 (2007) , S. 507–527, hier 509–510.

26 Vgl. Christa Hämmerle, *Ganze Männer? Gesellschaft, Geschlecht und Allgemeine Wehrpflicht in Österreich-Ungarn (1868–1914)*, Frankfurt a. M. 2022, S. 10.

27 Angelika Schaser, *Geschlecht strukturiert die Welt. Die Bedeutung des 19. Jahrhunderts für die Permanenz der Geschlechterhierarchie*, in: Durchbruch der Moderne? Neue Perspektiven auf das 19. Jahr-

hundert, hrsg. Birgit Aschmann, Frankfurt a. M. / New York 2019, S. 171–198, hier 171.

28 Seit einiger Zeit gibt es mit GWonline eine frei zugängliche Datenbank, die Bibliographie, Filmographie und Webographie für die Zeit seit 1600 zum Thema Gender und Krieg zur Verfügung stellt. Vgl. http://gwc.unc.edu/welcome, letzter Zugriff: 16. 8. 2023.

29 Mary Beard, *Frauen und Macht. Ein Manifest*, Frankfurt a. M. 2018, S. 64.

30 John Fornasier, »Frauen unter Waffen. Die Amazonen der griechischen Mythologie und ihr Bezug zur antiken Realität«, in: *Gewalt und Geschlecht. Männlicher Krieg – Weiblicher Frieden?*, hrsg. von Gorch Pieken, Dresden 2018, S. 74–85.

31 Mary Louise Roberts, »Ist der Krieg reine Männersache?«, in: *Eine Geschichte des Krieges. Vom 19. Jahrhundert bis in die Gegenwart*, hrsg. von Bruno Cabanes [u. a.], Bonn 2021, S. 369–379, hier 379.

32 Julia Paulus, »Die ›Mobilmachung des Heimatheeres‹: Zur Geschlechter(un)ordnung im Ersten Weltkrieg«, in: *An der Heimatfront – Westfalen und Lippe im Ersten Weltkrieg*, hrsg. vom Landschaftsverband Westfalen-Lippe, Münster 2014, S. 55–74.

33 Vgl. Karen Hagemann, »Militär, Krieg und Geschlecht. Ein Kommentar zur Militärgeschichtsschreibung in der MGZ«, in: *Militärgeschichtliche Zeitschrift* 76 (2017), Sonderbeilage, S. 175–184; Susanne Kaiser, »Das feministische Paradox. Der brutale Backlash gegen die Emanzipation«, in: *Blätter für deutsche und internationale Politik* 5 (2023), S. 65–74.

34 Ruth Seifert, »Identität, Militär und Geschlecht. Zur identitätspolitischen Bedeutung einer kulturellen Konstruktion«, in: *Heimat-Front. Militär und Geschlechterverhältnisse im Zeitalter der Weltkriege*, hrsg. von Karen Hagemann und Stefanie Schüler-Springorum, Frankfurt a. M. / New York 2002, S. 53–66, hier 64.

35 Vgl. Klaus Storkmann, *Tabu und Toleranz. Der Umgang mit Homosexualität in der Bundeswehr 1955 bis 2000*, hrsg. vom Zentrum für Militärgeschichte und Sozialwissenschaften der Bundeswehr, Berlin [u. a.] 2021.

36 »Frauen bei der Bundeswehr«, https://www.bundeswehr.de/de/

ueber-die-bundeswehr/selbstverstaendnis-bundeswehr/chancengerechtigkeit-bundeswehr/frauen-bundeswehr, letzter Zugriff: 17.8.2023.

37 Vgl. Simon Akstinat, *Jewish Girls in Uniform*, Berlin 2014; und eine Kritik in der *Jüdischen Allgemeinen*, 27.10.2014, https://www.juedische-allgemeine.de/israel/frauenquote/, letzter Zugriff: 17.8.2023; »Soldatinnen mit Nagellack: So knallhart führen Israels Frauen Spezialeinheiten«, in: *Focus*, 14.3.2015, https://www.focus.de/politik/ausland/nahost/soldatinnen-bei-der-eliteeinheit-mit-nagellack-gegen-die-glasdecke_id_4542838.html, letzter Zugriff: 17.8.2023.

38 Kerstin Botsch, *Soldatsein. Zur sozialen Konstruktion von Geschlecht und sexueller Orientierung in der Bundeswehr*, Wiesbaden 2016.

39 Christopher Browning, *Ganz normale Männer. Das Reserve-Polizeibataillon 101 und die »Endlösung« in Polen*, Reinbek/Hamburg 1993.

40 Jan Philipp Reemtsma, *Vertrauen und Gewalt. Versuch über eine besondere Konstellation der Moderne*, Hamburg 2008.

41 Cilja Harders, »Geschlechterverhältnisse in Krieg und Frieden – eine Einführung«, in: *Geschlechterverhältnisse in Krieg und Frieden. Perspektiven der feministischen Analyse internationaler Beziehungen*, hrsg. von Cilja Harders und Bettina Roß, Opladen 2022, S. 9–27, hier 19.

42 »Frau Kommissar zieht die Hosen an«, in: *Neue Rhein-Zeitung*, 15.3.1976, zitiert nach Bettina Blum, »›Flintenweiber‹ und ›Emma Peels‹. Polizistinnen und Waffen in Deutschland«, in: *Werkstatt Geschichte* 64 (2013), S. 55–75, hier 66.

43 Vgl. Regina Mühlhäuser, »Umkämpfte Erinnerungen und mangelndes Unrechtsbewusstsein. Zur (Un-)Sichtbarkeit sexueller Gewalt während des Zweiten Weltkriegs in Asien und Europa«, in, *Geschlecht, Gewalt und Gesellschaft. Interdisziplinäre Perspektiven auf Geschichte und Gegenwart*, hrsg. Eva Labouvie, Bielefeld 2023, S. 209–231.

44 Atina Grossmann, »Das Schweigen, das es nie gab. Sexuelle Gewalt durch Soldaten der Roten Armee in Berlin 1945«, in: *Vor al-*

ler Augen. Sexuelle Gewalt in bewaffneten Konflikten, hrsg. von Gaby Zipfl [u. a.], Hamburg 2021, S. 497–520, hier 499.

45 Regina Mühlhäuser, »Vergewaltigungen in Deutschland 1945. Nationaler Opferdiskurs und individuelles Erinnern betroffener Frauen«, in: *Nachkrieg in Deutschland*, hrsg. von Klaus Naumann, Hamburg 2001, S. 384–408, hier 390.

46 »Massenhafte Vergewaltigungen durch die Siegermächte«, Deutschlandfunk, 4. 5. 2015, https://www.deutschlandfunk.de/zweiter-weltkrieg-massenhafte-vergewaltigungen-durch-100.html, letzter Zugriff: 17. 8. 2023.

47 Hans Woller, *Gesellschaft und Politik in der amerikanischen Besatzungszone (Ansbach und Fürth)*, München 1986, S. 59.

48 Mühlhäuser, »Vergewaltigungen«, S. 408.

49 Alexander Zinn, *»Aus dem Volkskörper entfernt«? Homosexuelle Männer im Nationalsozialismus*, Frankfurt a. M. / New York 2018.

50 Lauri Marhoefer, »Historians are learning more about how the Nazis targeted trans people«, in: *The Conversation* (6. 6. 2023), https://theconversation.com/historians-are-learning-more-about-how-the-nazis-targeted-trans-people-205622, letzter Zugriff: 16. 8. 2023. W. Jake Newsome, *Pink triangle legacies. Coming out in the shadow of the Holocaust*, Ithaca [NY] / London 2022.

51 Claudia Schoppmann, »Zwischen strafrechtlicher Verfolgung und gesellschaftlicher Ächtung. Lesbische Frauen im ›Dritten Reich‹«, in: *Homophobie und Devianz. Weibliche und männliche Homosexualität im Nationalsozialismus*, hrsg. von Insa Eschebach, Berlin 2016.

52 Vgl. das zugrunde liegende Rechtsgutachten von Martin Burgi / Daniel Wolff, »Rehabilitierung der nach 175 StGB verurteilten homosexuellen Männer: Auftrag, Optionen und verfassungsrechtlicher Rahmen«, Antidiskriminierungsstelle des Bundes 2016, https://www.antidiskriminierungsstelle.de/DE/ueber-diskriminierung/diskriminierungsmerkmale/sexuelle-identitaet/paragraph_175/paragraph_175_node.html, letzter Zugriff: 17. 8. 2023.

53 Ulrich Bröckling / Michael Sikora (Hrsg.), *Armeen und ihre De-*

serteure. Vernachlässigte Kapitel einer Militärgeschichte der Neuzeit, Göttingen 1998.

54 Leonie Treber, »The Big Cleanup. Men, Women, and Rubble Clearance in Postwar East and West Germany«, in: *Gendering post-1945 German history. Entanglements*, hrsg. von Karen Hagemann [u. a.], New York 2019, S. 93–114.

55 Karen Hagemann, »Heimat-Front: Militär und Geschlechterverhältnisse im Zeitalter der Weltkriege«, in *Heimat-Front*, S. 13–52, hier 39.

56 Susan Brownmiller, *Gegen unseren Willen. Vergewaltigung und Männerherrschaft*, Frankfurt a. M. 1978; Gerda Lerner, »The Rape of Black Women as a Weapon of Terror«, in: *Black women in White America: A Documentary History*, hrsg. von ders., New York 1972, S. 172-193. Hinweise in Mühlhäuser, *Sexuelle Gewalt*.

57 Mühlhäuser, *Sexuelle Gewalt*, S. 137.

58 Jennifer Evans, »Introduction: Why Queer German History?«, in: *German History* 34 (2016) H. 3, S. 371–384, hier 381.

59 Regina Mühlhäuser, *Eroberungen. Sexuelle Gewalttaten und intime Beziehungen deutscher Soldaten in der Sowjetunion, 1941–1945*, Hamburg 2010; Maren Röger, *KriegsBeziehungen. Intimität, Gewalt und Prostitution im besetzten Polen 1939 bis 1945*, Frankfurt a. M. 2015.

60 Anna Hájková, »Introduction: Sexuality, Holocaust, Stigma«, in: *German History* 39 (2021) H. 1, S. 1–14.

61 Axel Schildt, »Der lange Schatten des Krieges über der westdeutschen Nachkriegsgesellschaft«, sowie Dorothee Wierling, »Krieg im Nachkrieg. Zur öffentlichen und privaten Präsenz des Kriegs in der SBZ und frühen DDR«, beide in: *Der Zweite Weltkrieg in Europa. Erfahrung und Erinnerung*, hrsg. von Jörg Echternkamp und Stefan Martens, Paderborn 2007, S. 223–236 bzw. S. 237–252.

62 Dazu aus soziologischer Sicht Nina Leonhard / Oliver Dimbarth (Hrsg.), *Gewaltgedächtnisse. Analysen zur Präsenz vergangener Gewalt*, Wiesbaden 2021.

63 Claudia Kemper, »Wann ist der Krieg vorbei? Gewalterfahrungen im Übergang vom Nachkrieg zum Frieden«, in: *Zeithistorische Forschungen/Studies in Contemporary History* 15 (2018) H. 2,

(https://zeithistorische-forschungen.de/2-2018/5596, letzter Zugriff: 16. 8. 2023).

64 Sabine Kienitz, *Beschädigte Helden: Kriegsinvalidität und Körperbilder 1914–1923*, Paderborn 2008.

65 Klaus Theweleit, *Männerphantasien*, Bd. 1: *Frauen, Fluten, Körper, Geschichte*, Frankfurt a. M. 1977; Bd. 2: *Männerkörper – zur Psychoanalyse des weißen Terrors*, Frankfurt a. M. 1978.

66 Sven Reichardt, »Klaus Theweleits *Männerphantasien* – ein Erfolgsbuch der 1970er-Jahre«, in: *Zeithistorische Forschungen/Studies in Contemporary History* 3 (2006) H. 3, (online https://zeithistorische-forschungen.de/3-2006/4650, letzter Zugriff: 16. 8. 2023).

67 Thor Goote, *Wir tragen das Leben. Der Nachkriegsroman*, Berlin 1932, S. 193, zitiert nach Theweleit, *Männerphantasien*, Bd. 2, S. 381.

68 Ernst Friedrich, *Krieg dem Krieg*, Berlin 1924 (Neuauflage 2015).

69 Bernhard Gotto / Elke Seefried (Hrsg.), *Männer mit »Makel«. Männlichkeiten und gesellschaftlicher Wandel in der frühen Bundesrepublik*, Berlin 2017. Vgl. auch Svenja Goltermann, *Die Gesellschaft der Überlebenden. Deutsche Kriegsheimkehrer und ihre Gewalterfahrungen im Zweiten Weltkrieg*, München 2009.

70 Richard Overy, »Was there a Zero Hour in 1945?« in: *Oxford Handbook of Postwar European History*, hrsg. von Dan Stone, Oxford 2012, S. 60–78, hier 73.

71 Vgl. Fabrice Virgili, *Shorn Women. Gender and Punishment in Liberation France*, London 2002.

72 Johanna Haarer, *Die deutsche Mutter und ihr erstes Kind*, München 1934.

73 Uta G. Poiger, »Krise der Männlichkeit. Remaskulinisierung in beiden deutschen Nachkriegsgesellschaften«, in: Nachkrieg in Deutschland, hrsg. von Klaus Naumann, Hamburg 2001, S. 227–263, hier 233.

74 Vgl. auch Julia Paulus / Eva-Maria Sillies / Kerstin Wolff (Hrsg.), *Zeitgeschichte als Geschlechtergeschichte. Neue Perspektiven auf die Bundesrepublik*, Frankfurt a. M. 2012.

75 Silke Satjukow / Rainer Gries, *»Bankerte!«: Besatzungskinder in*

Deutschland nach 1945, Frankfurt a. M. /New York 2015; vgl. auch Timothy L. Schroer, *Recasting race after World War II. Germans and African Americans in American-Occupied Germany*, Boulder [CO] 2007.

76 Maria Pfeiffer, »Unser neuer Weg«, in: *Der Regenbogen*, Februar 1946, S. 2; zit. nach Marianne Zepp, »Weiblichkeit als politisches Argument. Frieden und Demokratie im Übergang zu einer deutschen Nachkriegsgesellschaft«, in: *Frieden durch Demokratie? Genese, Wirkung und Kritik eines Deutungsmusters*, hrsg. von Jost Dülffer und Gottfried Niedhart, Essen 2011, S. 187–205, hier 190.

77 Anneliese Stölz, *Von der Hilfe der Frauen für die Heimatlosen*, Rundfunkmanuskript, 11. 7. 1947; zit. nach Zepp, *Weiblichkeit*, S. 193.

78 Heidemarie Langer, »Inneres äußert sich – FRAUEN FÜR FRIEDEN«, in: Frauen für den Frieden, hrsg. von Quistorp, S. 34–37, hier 34, zitiert nach Anne Bieschke, *Die unerhörte Friedensbewegung. Frauen, Krieg und Frieden in der Nuklearkrise (1979–1983)*, Essen 2018, S. 35.

79 Federica Dall'Arche, *The Case for Gender Balance in Arms Control, Non-Proliferation and Disarmament Negotiations*, Stockholm 2020. (online: https://www.sipri.org/publications/2020/eu-non-proliferation-and-disarmament-papers/case-gender-balance-arms-control-non-proliferation-and-disarmament-negotiations, letzter Zugriff 17. 8. 2023.)

80 R. Charli Carpenter, »›Women and Children First‹. Gender, Norms, and Humanitarian Evacuation in the Balkans 1991–95«, in: *International Organization* 57 (2003) H. 4, S. 661–694, hier 662. Vgl. Ian Bannon / Maria C. Correia (Hrsg.), *The other half of gender*, Washington DC 2006. (online: http://documents.worldbank.org/curated/en/673491468313860266/The-other-half-of-gender, letzter Zugriff: 17. 8. 2023.)

81 Ulrike Krause, »(Un)sichtbar und (un)sicher? Humanitäre Politiken und Praktiken um Frauen in Flüchtlingssituationen«, in: *Gewalt, Krieg und Flucht. Feministische Perspektiven auf Sicherheit*, hrsg. von Antje Daniel [u. a.], Opladen/Berlin/Toronto 2021, S. 159–179.

82 Ulrike Krause / Karin Scherschel, »Flucht – Asyl – Gender: Entwicklungen und Forschungsbedarfe«, in: *Gender* 10 (2018) H. 2, S. 7–17, hier 9.

83 Krause/Scherschel, *Flucht*, S. 9.

84 Corinna Gayer / Bettina Engels, »Feministische Perspektiven in der Friedens- und Konfliktforschung«, in: *Geschlechterverhältnisse, Frieden und Konflikt. Feministische Denkanstöße für die Friedens- und Konfliktforschung*, hrsg. von dens., Baden-Baden 2011, S. 9–25, hier 21.

85 UN Women Deutschland, »Die Resolution 1325 mit der Agenda ›Frauen, Frieden und Sicherheit‹«. (online: https://unwomen.de/die-resolution-1325-mit-der-agenda-frauen-frieden-und-sicherheit/, letzter Zugriff: 17. 8. 2023.)

86 Text der Resolution 1325 vom 31. Oktober 2000, https://www.un.org/depts/german/sr/sr_00/sr1325.pdf, letzter Zugriff: 17. 8. 2023.

87 Beate Arnold, »Friedensarbeit und Genderaspekte«, in: *Gewalt und Geschlecht. Männlicher Krieg – Weiblicher Frieden*, hrsg. Gorch Pieken, Dresden 2018, S. 62–71.

88 Simone Wisotzki, »Frauen und Frieden und Sicherheit. 15 Jahre Un-Sicherheitsresolution 1325: Wenig Grund zum Feiern«, in: *Vereinte Nationen* 6 (2015), S. 266–270, hier 268. (online: https://zeitschrift-vereinte-nationen.de/publications/PDFs/Zeitschrift_VN/VN_2015/Heft_6_2015/06_Beitrag_Wisotzki_VN_6-15_26-11-2015.pdf, letzter Zugriff: 17. 8. 2023.)

89 Simone Wisotzki, »Frauen und Frieden«, S. 270

90 *Friedensgutachten 2022. Friedensfähig im Krieg*, hrsg. von BICC Bonn International Centre for Conflict Studies / HSFK Leibniz-Institut Hessische Stiftung Friedens- und Konfliktforschung / IFSH Institut für Friedensforschung und Sicherheitspolitik an der Universität Hamburg / INEF Institut für Entwicklung und Frieden, Universität Duisburg-Essen, S. 2–3. (online: https://www.transcript-open.de/isbn/6403, letzter Zugriff: 17. 8. 2023.)

91 Wisotzki, »Frauen und Frieden«, S. 270.

92 Vgl. Miriam Schroer-Hippel, »Gender und Konfliktbearbeitung«, in: Dossier »Innerstaatliche Konflikte« der Bundeszentrale für

politische Bildung, https://www.bpb.de/internationales/weltweit/innerstaatliche-konflikte/54761/gender-und-konfliktbearbeitung#fr-footnode1, letzter Zugriff: 17. 8. 2023.

93 Dagmar Herzog, *Sex After Fascism. Memory and Morality in Twentieth-Century Germany*, Princeton 2005. Speziell zur DDR vgl. Josie McLellan, *Love in the Times of Communism. Intimacy and Sexuality in the GDR*, Cambridge 2011.

94 Till Kössler, »Jenseits von Brutalisierung oder Zivilisierung. Schule und Gewalt in der Bundesrepublik (1970–2000)«, in: *Zeithistorische Forschungen/Studies in Contemporary History* 15 (2018) H. 2, S. 222–249. (online: https://zeithistorische-forschungen.de/2-2018/5589, letzter Zugriff: 17. 8. 2023.)

95 Jane Freeland, »Marital Rape and Women's Rights in the Federal Republic of Germany«, auf: History|Sexuality|Law. Verschränkung von Recht mit Geschlecht und Sexualität im historischen Kontext, 6. 5. 2021, https://hsl.hypotheses.org/1685#more-1685, letzter Zugriff: 17. 8. 2023. Vgl. auch die Materialübersicht zum Thema ›Gewalt in Ehe und Familie‹ im Digitalen Deutschen Frauenarchiv, https://www.digitales-deutsches-frauenarchiv.de/suche?term=ehe&filter[tags_fct][0]=Gewalt%20in%20Ehe%20und%20Familie, letzter Zugriff: 17. 8. 2023.

96 Eine historische Einordnung bei Michael Riekenberg, »Auf dem Holzweg? Über Johan Galtungs Begriff der ›strukturellen Gewalt‹«, in: *Zeithistorische Forschungen/Studies in Contemporary History* 5 (2008) H. 1, S. 172–177. (online: https://zeithistorische-forschungen.de/1-2008/4655, letzter Zugriff: 17. 8. 2023.)

97 Birgit Sauer, »Migration, Geschlecht, Gewalt. Überlegungen zu einem intersektionellen Gewaltbegriff«, in: *Gender* 3 (2011), S. 44–60.

Literaturverzeichnis

Arnold, Beate: Friedensarbeit und Genderaspekte. In: Gewalt und Geschlecht. Männlicher Krieg – Weiblicher Frieden. Hrsg. von Gorch Pieken. Dresden 2018. S. 62–71.

Bannon, Ian / Correia, Maria C. (Hrsg.): The other half of gender. Washington DC 2006. [online: http://documents.worldbank.org/curated/en/673491468313860266/The-other-half-of-gender, letzter Zugriff: 17. 8. 2023.]

Beard, Mary: Frauen und Macht. Ein Manifest. Frankfurt a. M. 2018. S. 64.

Bibliographie, Filmographie und Webographie für die Zeit seit 1600 zum Thema Gender und Krieg: http://gwc.unc.edu/welcome [letzter Zugriff: 16. 8. 2023.]

Bieschke, Anne: Die unerhörte Friedensbewegung. Frauen, Krieg und Frieden in der Nuklearkrise (1979–1983). Essen 2018.

Bos, Marguérite / Vincenz, Bettina / Wirz, Tanja: Erfahrung: Alles nur Diskurs? Auseinandersetzung mit einer Debatte um einen vielschichtigen Begriff. In: Erfahrung: Alles nur Diskurs? Zur Verwendung des Erfahrungsbegriffs in der Geschlechtergeschichte. Beitr. zur 11. Schweizerischen HistorikerInnentagung. Hrsg. von dens. Zürich 2004. S. 9–21.

Botsch, Kerstin: Soldatsein. Zur sozialen Konstruktion von Geschlecht und sexueller Orientierung in der Bundeswehr. Wiesbaden 2016.

Branche, Raphaëlle: Vergewaltigung: eine Kriegswaffe? In: Eine Geschichte des Krieges. Vom 19. Jahrhundert bis in die Gegenwart. Hrsg. von Bruno Cabanes, Thomas Dodman, Hervé Mazurel, Gene Tempest. Bonn 2021. S. 684–700.

Bröckling, Ulrich / Sikora, Michael (Hrsg.): Armeen und ihre Deserteure. Vernachlässigte Kapitel einer Militärgeschichte der Neuzeit. Göttingen 1998.

Browning, Christopher: Ganz normale Männer. Das Reserve-Polizeibataillon 101 und die ›Endlösung‹ in Polen. Reinbek bei Hamburg 1993.

Brownmiller, Susan: Gegen unseren Willen. Vergewaltigung und Männerherrschaft. Frankfurt a. M. 1978.

Buffon, Veronica / Allison, Christine: The Gendering of Victimhood: Western Media and the Sinjar Genocide. In: Kurdish Studies Vol. 4 (2016) H. 2. Special Issue Yezidism and Yezidi Studies in 21st century. S. 176–196. [online: https://kurdishstudies.net/issue-view/?id=12, letzter Zugriff: 16. 8. 2023.]

Butler, Judith: Gender Trouble. Feminism and the Subversion of Identity. New York 1990. [dt. Das Unbehagen der Geschlechter. Frankfurt a. M. 1991.]

– Raster des Krieges. Warum wir nicht jedes Leid beklagen. Frankfurt a. M. 2010.

Carpenter, R. Charli: »Women and Children First«. Gender, Norms, and Humanitarian Evacuation in the Balkans 1991–95. In: International Organization 57 (2003) H. 4, S. 661–694.

Crenshaw, Kimberlé: Mapping the Margins. Intersectionality, Identity Politics and Violence Against Women of Colour. In: Stanford Law Review 43 (1991) H. 6, S. 1241–1299.

Dall'Arche, Federica: The Case for Gender Balance in Arms Control, Non-Proliferation and Disarmament Negotiations. Stockholm 2020. [online: https://www.sipri.org/publications/2020/eu-non-proliferation-and-disarmament-papers/case-gender-balance-arms-control-non-proliferation-and-disarmament-negotiations, letzter Zugriff: 17. 8. 2023.]

Evans, Jennifer: Introduction: Why Queer German History? In: German History 34 (2016) . S. 371–384.

Fornasier, John: Frauen unter Waffen. Die Amazonen der griechischen Mythologie und ihr Bezug zur antiken Realität. In: Gewalt und Geschlecht. Männlicher Krieg – Weiblicher Frieden? Hrsg. von Gorch Pieken. Dresden 2018. S. 74–85.

Freeland, Jane: Marital Rape and Women's Rights in the Federal Republic of Germany. https://hsl.hypotheses.org/1685#more-1685, letzter Zugriff: 17. 8. 2023.

Fuchte, Lisa: Damit Sonnenblumen wachsen, wenn ihr hier begraben liegt ... Der russische Angriffskrieg auf die Ukraine aus geschlechtergeschichtlicher Perspektive. Zeitgeschichte Online.

28.4.2022. [online: https://zeitgeschichte-online.de/themen/damit-sonnenblumen-wachsen-wenn-ihr-hier-begraben-liegt, letzter Zugriff: 16.8.2023.]

Gayer, Corinna / Engels, Bettina: Feministische Perspektiven in der Friedens- und Konfliktforschung. In: Geschlechterverhältnisse, Frieden und Konflikt. Feministische Denkanstöße für die Friedens- und Konfliktforschung. Hrsg. von dens. Baden-Baden 2011. S. 9–25.

Goltermann, Svenja: Die Gesellschaft der Überlebenden. Deutsche Kriegsheimkehrer und ihre Gewalterfahrungen im Zweiten Weltkrieg. München 2009.

Gotto, Bernhard / Seefried, Elke (Hrsg.): Männer mit ›Makel‹. Männlichkeiten und gesellschaftlicher Wandel in der frühen Bundesrepublik. Berlin 2017.

Grossmann, Atina: Das Schweigen, das es nie gab. Sexuelle Gewalt durch Soldaten der Roten Armee in Berlin 1945. In: Vor aller Augen. Sexuelle Gewalt in bewaffneten Konflikten. Hrsg. von Gaby Zipfel, Regina Mühlhäuser, Kirsten Campbell. Hamburg 2021. S. 497–520.

Günther, Jana / Hinterhuber, Eva Maria / Schmid, Antonia: Sicherheit, Militär und Geschlecht. In: femina politica 1 (2020), S. 9–22.

Hagemann, Karen: ›Heroic Virgins‹ and ›Bellicose Amazons‹: Armed Women, the Gender Order and the German Public during and after the Anti-Napoleonic Wars. In: European History Quarterly 37 (2007) H. 4, S. 507–527.

– Militär, Krieg und Geschlecht. Ein Kommentar zur Militärgeschichtsschreibung in der MGZ. In: Militärgeschichtliche Zeitschrift 76 (2017). Sonderbeilage. S. 175–184.

– / Stefanie Schüler-Springorum (Hrsg.): Heimat-Front. Militär und Geschlechterverhältnisse im Zeitalter der Weltkriege, Frankfurt a. M. / New York 2002.

Hájková, Anna: Introduction: Sexuality, Holocaust, Stigma. In: German History 39 (2021) H. 1. S. 1–14.

Hämmerle, Christa: Ganze Männer? Gesellschaft, Geschlecht und Allgemeine Wehrpflicht in Österreich-Ungarn (1868–1914). Frankfurt a. M. 2022. S. 10.

Hansen, Jan / Gerster, Daniel / Schregel, Susanne (Hrsg.): Historische Friedens- und Konfliktforschung. Die Quadratur des Kreises? Frankfurt a. M. / New York 2023.

Harders, Cilja: Geschlechterverhältnisse in Krieg und Frieden – eine Einführung. In: Geschlechterverhältnisse in Krieg und Frieden. Perspektiven der feministischen Analyse internationaler Beziehungen. Hrsg. von ders. Opladen 2002. S. 9–27.

Heinsohn, Kirsten / Kemper, Claudia: Geschlechtergeschichte. Version: 1.0. In: Docupedia-Zeitgeschichte. 4. 12. 2012. [online: http://docupedia.de/zg/heinsohn_kemper_geschlechtergeschichte_v1_de_2012, letzter Zugriff: 1. 7. 2023.]

Herzog, Dagmar: Sex After Fascism. Memory and Morality in Twentieth-Century Germany. Princeton 2005.

Kaiser, Susanne: Das feministische Paradox. Der brutale Backlash gegen die Emanzipation. In: Blätter für deutsche und internationale Politik 5 (2023). S. 65–74.

Kater, Thomas: Über Gewalt und Frieden: Bilder des Politischen. In: Perspektiven der historischen Friedensforschung. Hrsg. von Benjamin Ziemann. Essen 2002. S. 57–85.

Kaulbach, Hans-Martin: Friede als Thema der bildenden Kunst – ein Überblick. In: PAX. Beiträge zu Idee und Darstellung des Friedens. Hrsg. von Wolfgang Augustyn. München 2003. S. 161–242.

Kemper, Claudia: Wann ist der Krieg vorbei? Gewalterfahrungen im Übergang vom Nachkrieg zum Frieden. In: Zeithistorische Forschungen/Studies in Contemporary History 15 (2018) H. 2, S. 340–357. [online: https://zeithistorische-forschungen.de/2-2018/5596, letzter Zugriff: 16. 8. 2023].

Kienitz, Sabine: Beschädigte Helden. Kriegsinvalidität und Körperbilder 1914–1923. Paderborn 2008.

Koselleck, Reinhart: Geronnene Lava. Texte zu politischem Totenkult und Erinnerung. Hrsg. von Manfred Hettling, Hubert Locher und Adriana Markantonatos. Berlin 2023.

Kössler, Till: Jenseits von Brutalisierung oder Zivilisierung. Schule und Gewalt in der Bundesrepublik (1970–2000). In: Zeithistorische Forschungen/Studies in Contemporary History 15 (2018)

H. 2, S. 222–249. [online: https://zeithistorische-forschungen.de/2-2018/5589, letzter Zugriff: 17. 8. 2023.]

Krause, Ulrike: (Un)sichtbar und (un)sicher? Humanitäre Politiken und Praktiken um Frauen in Flüchtlingssituationen. In: Gewalt, Krieg und Flucht. Feministische Perspektiven auf Sicherheit. Hrsg. von Antje Daniel, Rirhandu Mageza-Barthel, Melanie Richter-Montpetit, Tanja Scheiterbauer. Opladen/Berlin/Toronto 2021. S. 159–179.

– / Scherschel, Karin: Flucht – Asyl – Gender. Entwicklungen und Forschungsbedarfe. In: Gender 10 (2018) H. 2, S. 7–17.

Kulturalisierung und Geschlecht. Freiburger Zeitschrift für GeschlechterStudien 23 (2017) H. 2. [online: https://shop.budrich.de/wp-content/uploads/2020/04/0948-9975-2017-2.pdf, letzter Zugriff 16. 8. 2023.]

Leonhard, Nina / Dimbarth, Oliver (Hrsg.): Gewaltgedächtnisse. Analysen zur Präsenz vergangener Gewalt. Wiesbaden 2021.

Lerner, Gerda: The Rape of Black Women as a Weapon of Terror. In: Black women in White America. A Documentary History. Hrsg. von ders. New York 1972. S. 172–193.

Marhoefer, Lauri: Historians are learning more about how the Nazis targeted trans people. In: The Conversation. 6. 6. 2023. [online: https://theconversation.com/historians-are-learning-more-about-how-the-nazis-targeted-trans-people-205622, letzter Zugriff: 16. 8. 2023.]

McLellan, Josie: Love in the Times of Communism. Intimacy and Sexuality in the GDR. Cambridge 2011.

Mühlhäuser, Regina: Umkämpfte Erinnerungen und mangelndes Unrechtsbewusstsein. Zur (Un-)Sichtbarkeit sexueller Gewalt während des Zweiten Weltkriegs in Asien und Europa. In: Geschlecht, Gewalt und Gesellschaft. Interdisziplinäre Perspektiven auf Geschichte und Gegenwart. Hrsg. von Eva Labouvie. Bielefeld 2023. S. 209–231.

– Vergewaltigungen in Deutschland 1945. Nationaler Opferdiskurs und individuelles Erinnern betroffener Frauen. In: Nachkrieg in Deutschland. Hrsg. von Klaus Naumann. Hamburg 2001. S. 384–408.

– Eroberungen. Sexuelle Gewalttaten und intime Beziehungen deutscher Soldaten in der Sowjetunion. 1941–1945. Hamburg 2010.
– Sexuelle Gewalt als Kriegswaffe. Zur Entwicklung eines Verständnisses seit den 1970er Jahren. In L'Homme 31 (2020) H. 1, S. 129–158.

Newsome, W. Jake: Pink Triangle Legacies. Coming Out in the Shadow of the Holocaust. Ithaca [NY] / London 2022.

Overy, Richard: Was there a Zero Hour in 1945? In: Oxford Handbook of Postwar European History. Hrsg. von Dan Stone. Oxford 2012. S. 60–78.

Paulus, Julia: Die ›Mobilmachung des Heimatheeres‹. Zur Geschlechter(un)ordnung im Ersten Weltkrieg. In: An der Heimatfront – Westfalen und Lippe im Ersten Weltkrieg. Hrsg. vom Landschaftsverband Westfalen-Lippe. Münster 2014. S. 55–74.
– / Sillies, Eva-Maria / Wolff, Kerstin (Hrsg.): Zeitgeschichte als Geschlechtergeschichte. Neue Perspektiven auf die Bundesrepublik. Frankfurt a. M. 2012.

Poiger, Uta G.: Krise der Männlichkeit. Remaskulinisierung in beiden deutschen Nachkriegsgesellschaften. In: Nachkrieg in Deutschland. Hrsg. von Klaus Naumann. Hamburg 2001. S. 227–263.

Reemtsma, Jan Philipp: Vertrauen und Gewalt. Versuch über eine besondere Konstellation der Moderne. Hamburg 2008.

Reichardt, Sven: Klaus Theweleits ›Männerphantasien‹ – ein Erfolgsbuch der 1970er-Jahre. In: Zeithistorische Forschungen/Studies in Contemporary History 3 (2006), S. 401-421. [online: https://zeithistorische-forschungen.de/3-2006/4650, letzter Zugriff: 16. 8. 2023.]

Riekenberg, Michael: Auf dem Holzweg? Über Johan Galtungs Begriff der ›strukturellen Gewalt‹. In: Zeithistorische Forschungen/Studies in Contemporary History, 5 (2008) H. 1, S. 172–177. [online: https://zeithistorische-forschungen.de/1-2008/4655, letzter Zugriff: 17. 8. 2023.]

Roberts, Mary Louise: Ist der Krieg reine Männersache. In: Eine Geschichte des Krieges. Vom 19. Jahrhundert bis in die Gegenwart.

Hrsg. von Bruno Cabanes, Thomas Dodman, Hervé Mazurel, Gene Tempest. Bonn 2021. S. 369–379.

Röger, Maren: KriegsBeziehungen. Intimität, Gewalt und Prostitution im besetzten Polen 1939 bis 1945. Frankfurt a. M. 2015.

Satjukow, Silke / Gries, Rainer: »Bankerte!« Besatzungskinder in Deutschland nach 1945. Frankfurt a. M. /New York 2015.

Sauer, Birgit: Migration, Geschlecht, Gewalt. Überlegungen zu einem intersektionellen Gewaltbegriff. In: Gender, 3 (2011), S. 44–60.

Schaser, Angelika: Geschlecht strukturiert die Welt. Die Bedeutung des 19. Jahrhunderts für die Permanenz der Geschlechterhierarchie. In: Durchbruch der Moderne? Neue Perspektiven auf das 19. Jahrhundert. Hrsg. von Birgit Aschmann. Frankfurt a. M. / New York 2019. S. 171–198.

Schildt, Axel: Der lange Schatten des Krieges über der westdeutschen Nachkriegsgesellschaft. In: Der Zweite Weltkrieg in Europa. Erfahrung und Erinnerung. Hrsg. von Jörg Echternkamp und Stefan Martens. Paderborn 2007. S. 223–236.

Schoppmann, Claudia: Zwischen strafrechtlicher Verfolgung und gesellschaftlicher Ächtung. Lesbische Frauen im ›Dritten Reich‹. In: Homophobie und Devianz. Weibliche und männliche Homosexualität im Nationalsozialismus. Hrsg. von Insa Eschebach. Berlin 2016.

Schroer, Timothy L.: Recasting Race after World War II. Germans and African Americans in American-Occupied Germany. Boulder [CO] 2007.

Schroer-Hippel, Miriam: Gender und Konfliktbearbeitung. https://www.bpb.de/internationales/weltweit/innerstaatliche-konflikte/54761/gender-und-konfliktbearbeitung#fr-footnode1, letzter Zugriff: 17. 8. 2023.

Scott, Joan W.: Gender. A Useful Category of Historical Analyses. In: The American Historical Review 91 (1986), S. 1053–1975.

Seifert, Ruth: Identität, Militär und Geschlecht. Zur identitätspolitischen Bedeutung einer kulturellen Konstruktion. In: Heimat-Front. Militär und Geschlechterverhältnisse im Zeitalter der Weltkriege, hrsg. von Karen Hagemann und Stefanie Schüler-Springorum, Frankfurt a. M. / New York 2002, S. 53–66.

Sontag, Susan: Das Leiden anderer betrachten. München 2003.

Spivak, Gayatri Chakravorty: Can the Subaltern Speak. In: Colonial Discourse and Post-Colonial Theory: A Reader. Hrsg. von Patrick Williams und Laura Chrisman. London 1994.

Storkmann, Klaus: Tabu und Toleranz. Der Umgang mit Homosexualität in der Bundeswehr 1955 bis 2000. Hrsg. vom Zentrum für Militärgeschichte und Sozialwissenschaften der Bundeswehr. Berlin [u. a.] 2021.

Theweleit, Klaus: Männerphantasien. Bd. 1: Frauen, Fluten, Körper, Geschichte. Frankfurt a. M. 1977. Bd. 2: Männerkörper – zur Psychoanalyse des weißen Terrors. Frankfurt a. M. 1978.

Tosh, John: Hegemonic Masculinity and the History of Gender. In: Masculinities in Politics and War: Gendering Modern History. Hrsg. von Stefan Dudink, Karen Hagemann John Tosh. Manchester [u. a.] 2004. S. 41–58.

Treber, Leonie: The Big Cleanup. Men, Women, and Rubble Clearance in Postwar East and West Germany. In: Gendering post-1945 German history. Entanglements. Hrsg. von Karen Hagemann, Donna Harsch, Friederike Brühöfener. New York 2019. S. 93–114.

Virgili, Fabrice: Shorn Women. Gender and Punishment in Liberation France. London 2002.

Wierling, Dorothee: Krieg im Nachkrieg. Zur öffentlichen und privaten Präsenz des Krieges in der SBZ und frühen DDR. In: Der Zweite Weltkrieg in Europa. Erfahrung und Erinnerung. Hrsg. von Jörg Echternkamp und Stefan Martens. Paderborn 2007. S. 237–252.

Wisotzki, Simone: Frauen und Frieden und Sicherheit. 15 Jahre UN-Sicherheitsresolution 1325. Wenig Grund zum Feiern. In: Vereinte Nationen 6 (2015), S. 266–270. [online: https://zeitschrift-vereinte-nationen.de/publications/PDFs/Zeitschrift_VN/VN_2015/Heft_6_2015/06_Beitrag_Wisotzki_VN_6-15_26-11-2015.pdf, letzter Zugriff: 17. 8. 2023.]

Woller, Hans: Gesellschaft und Politik in der amerikanischen Besatzungszone (Ansbach und Fürth). München 1986. S. 59.

Zepp, Marianne: Weiblichkeit als politisches Argument. Frieden und Demokratie im Übergang zu einer deutschen Nachkriegsgesellschaft. In: Frieden durch Demokratie? Genese, Wirkung und Kri-

tik eines Deutungsmusters. Hrsg. von Jost Dülffer und Gottfried Niedhart. Essen 2011. S. 187–205.
Zinn, Alexander: ›Aus dem Volkskörper entfernt‹? Homosexuelle Männer im Nationalsozialismus. Frankfurt a. M. / New York 2018.

Zur Autorin

CLAUDIA KEMPER ist wissenschaftliche Referentin am LWL-Institut für westfälische Regionalgeschichte in Münster. Sie studierte Geschichte und Politikwissenschaft an der Universität Hamburg, wo sie 2010 über die jungkonservativen Kommunikationsnetzwerke in der Weimarer Republik promovierte. Anschließend widmete sie sich der Historischen Friedens- und Konfliktforschung, unter anderem 2015 in ihrer Habilitation über die NGO International Physicians for the Prevention of Nuclear War. Ihre Forschung konzentriert sich seither auf innere Dynamiken sozialer Gruppen und Organisationen sowie kulturelle und gesellschaftliche Aspekte von Konflikttransformationen und Umbruchszeiten in der jüngeren Zeitgeschichte, insbesondere aus geschlechterhistorischer Perspektive.